致未来的职场大咖们

智慧职场如鱼得水的十大技能

腾 静 王胜会 ◎编著

知识产权出版社
全国百佳图书出版单位

图书在版编目（CIP）数据

致未来的职场大咖们：智慧职场如鱼得水的十大技
能/腾静，王胜会编著. —北京：知识产权出版社，
2018.11

ISBN 978-7-5130-2588-1

Ⅰ.①致…　Ⅱ.①腾…②王…　Ⅲ.①职业选择

Ⅳ.①C913.2

中国版本图书馆 CIP 数据核字（2018）第 241780 号

策划编辑：庞从容　　　　　　　　责任校对：谷　洋

责任编辑：薛迎春　　　　　　　　责任印制：刘译文

致未来的职场大咖们——智慧职场如鱼得水的十大技能

腾静　王胜会　编著

出版发行：**知识产权出版社** 有限责任公司	网　　址：http://www.ipph.cn
社　　址：北京市海淀区气象路 50 号院	邮　　编：100081
责编电话：010-82000860 转 8726	责编邮箱：pangcongrong@163.com
发行电话：010-82000860 转 8101/8102	发行传真：010-82000893/82005070/82000270
印　　刷：北京嘉恒彩色印刷有限责任公司	经　　销：各大网上书店、新华书店及相关专业书店
开　　本：710mm×1000mm 1/16	印　　张：14
版　　次：2018 年 11 月第 1 版	印　　次：2018 年 11 月第 1 次印刷
字　　数：237 千字	定　　价：49.00 元

ISBN 978-7-5130-2588-1

主 编 简 介

腾 静

北京冠美口腔医院管理有限公司总裁

时代风范文化发展有限公司董事长

百思特 DENTEL 孵化基地创始人

北京开封企业商会常务副会长

首届中国牙医节发起人

北京林业大学等多所高校大学生创新创业导师

王胜会

HR 实战教练/管理咨询顾问/创新创业导师/图书主编

北京弈博明道教育科技有限公司创始人/CEO

全国多家上市公司、中小企业人力资源管理咨询顾问

全国多家孵化器、高校创新创业导师

编著图书 20 余部，参编 50 余部，发表学术论文 8 篇

中关村协同创新服务平台创新驿站专家资源导师

人力资源社会保障部、中国人事考试培训网国家职业资格认证

企业人力资源管理师、劳动关系协调师特聘讲师

高级企业人力资源管理师，工具书作家培训导师

统考公费研究生，管理学硕士

副主编简介

刘晓坤

经济学硕士

现任圣亚投资有限公司行政 & 人力资源总监

历任工程师，物流师，市场总监

兼任高校讲师，创业导师

专长为企业管理制度和流程优化，劳动纠纷协调

阳冬莲

北京恩铭智远猎头公司创始人/总经理

国际教育招聘首席专家兼导师

专注国际教育人才招聘服务 20 年

带领团队成功为一流国际学校精准匹配到高端及稀缺人才

具有丰富的国际学校人才资源，赢得许多国际学校高度信任

李 赟

依米湾（北京）科技有限公司创始人/总经理

高级人力资源管理师，职业生涯规划师

受聘为多家企业人力资源管理咨询师

性格分析师，心理咨询师，60 所高校就业指导特聘讲师

对企业甄选人才、搭建团队有独道的管理理念和方式方法

晋媛媛

教育学硕士

北京工业大学就业创业指导中心副主任、创新创业学院副院长

职业规划师，创业导师

长期从事学生就业创业指导工作和职业生涯规划辅导工作

获北京高校优秀辅导员称号及北京高等学校"青年英才计划"资助

张进

从事人力资源管理工作近30年

招聘、培养数名优秀人才，国家认证生涯规划师

为上万名企业员工和学生提供职业生涯规划的培训和辅导

中国人民大学职业指导顾问，港澳大学生内地实习团职业导师

心理咨询师，心理测量师，高级企业人力资源管理师，高级工程师

樊玉洁

管理咨询顾问

近10年管理咨询经验，主持或参与多家企事业单位管理咨询项目

完成多套人力资源管理业务体系的设计与咨询成果文件的撰写

管理咨询项目服务的方向为战略、组织、人力资源等

高级企业人力资源管理师，企业培训师

智囊团顾问成员

张 跃
（高级会计师）
国家职业生涯规划师
近 20 年企业高管经验

沈 梅
（高级工程师）
大学生就业 / 创业培训、咨询
CEO 加工厂创业导师

李 京
（职业生涯规划师）
北京电子科技职业学院
就业创业教育指导中心主任

张新伟
（自媒体运营达人）
快职场品牌创始人
互联网营销专家

严 莉
（历任集团 HRD）
20 年人力资源管理经验
历任纽交所上市软件企业 HRD

郭 巍
（资深人力资源管理师）
10 年大型商业地产集团 HRD
高校就业辅导导师

孔 捷
（二级心理咨询师）
工程师，资深职业生涯规划师
高考志愿填报咨询师

王 晶
（活动策划）
国美互联网营销策划运营
自媒体运营达人

李 洋
（心理咨询师）
硕士，高中政治老师
曾就职于中铁四局人力资源部

陈 丽

（资深媒体人）

《孤独星球》LP 终审编辑

原《华夏时报》总编室主任

颜为军

（集团优秀主持人）

团队管理培训师

企业管理咨询师

于海风

（团队建设专家）

职业素养培训导师

毕业于辽宁大学市场营销专业

张 梅

（会计讲师）

企业财务顾问，税务筹划顾问

中华会计学会会员

刘诗雨

（管理咨询顾问）

HR 实战教练，图书编辑

毕业于北京林业大学

丁 萌

（营销策划）

高级顾问式销售讲师

毕业于南京理工大学

廖满嫒

（大学教师）

任教于北京工业大学

高级职业指导师

全球职业生涯教练

全球职业规划师

方 奕

（企业文化师，博士，MBA）

中国煤科集团公司高级主管

发表学术论文和原创文章近 50 篇

宋 凝

（插画设计师）

就读中央美术学院附中

为多部图书创作插画

前　言

时间长了，经常听到有人问老板/主管/HR："我迟过到、早退过或违反过工作纪律吗？没有吧！公司领导或主管对我有意见吗？没有吧！那么，为什么比我资历浅的人都得到了晋升，而我却一直熬在不受重视的岗位上呢？"

其实，他/她本人是真不明白，而作为旁观者我们看得很清楚。即便不谈卓越，他/她离优秀也差得很远。如果一个人没有修炼好，即使把他/她放在高一级的位置上，他/她也只是在"彼得原理"中挣扎……

职场中的普通一员，如何快速成长为职场精英，继而蜕变为职场大咖呢？

玛丽莎·梅耶尔，是谷歌的第20位员工，也是谷歌的首位女性工程师，她在谷歌工作了13年，后来又担任雅虎的CEO。

史蒂夫·乔布斯，是生前死后都影响世界的一个人，因为苹果公司上市一夜暴富，但是却对他的传记作者说，他当时就发誓，永远不会让钱毁了自己的生活。

阿里安娜·赫芬顿，作为美国在线以及赫芬顿邮报的主编，在英国记者列文的指导下写作完成了《女性》(The Female Woman)，这本书正式出版时，她年仅23岁。

稻盛和夫，日本"经营之神"，白手起家创办了京瓷和第二电信，他认为，成功就是付出不亚于任何人的努力，认真拼命地工作。

求伯君，在金山写程序很厉害，是打工界的成功者。既然金山能造就一个佼佼者求伯君，那么，你所在的公司也可以成就一个、二个、三个，就看其中有没有你了。

雷军，曾经对着天空大喊："我是最棒的！"他认为，只要做自己热爱的事，热爱自己所做的事，然后顺势而为就好。

还有太多大咖们的亲身故事和职场箴言，吴士宏、杰夫·贝佐斯、拉里·佩奇、赵润勤、胡双钱、伊雷内·杜邦、唐僧、刘备、赖雷、埃隆·马斯克、斯蒂芬·罗宾斯、张瑞敏、杰夫·伊梅尔特、诺曼·阿姆森、任正非、乔凡尼·美第奇、华盛顿、摩尔斯、富尔顿、臧健和隔壁老王/小李/小张……

所以，我们认为：奋斗没有终点，你要学会坚持；职场没有止境，你要掌握智慧。致未来的职场大咖们——智慧职场如鱼得水的十大技能与你分享。

本书提供了智慧职场共计十个方面的实操、实务、实战内容，包括个人品牌、岗位职责、职业素质、团队管理、项目执行、问题解决、权变领导、二次定位、晋升通道和学习地图等关键词。助力三至五年职场经验的小伙伴快速成长为职场"大牛""高手""跨界人才""斜杆青年"。

本书既适合具有三至五年职场经验的小伙伴、遇到瓶颈想二次跨越的职场经验人士、顶到天花板想二次定位的中基层管理者，也可以作为职业生涯咨询师、高校招生就业处或创新创业处的老师以及培训师的参考用书和培训教材。

本书撰写人员及分工如下：

王胜会　第 1 章

腾　静　第 2 章

晋媛媛　第 3 章

李　赟　第 4 章

刘晓坤　第 5 章

腾　静、樊玉洁　第 6 章

樊玉洁　第 7 章

阳冬莲　第 8 章

张　进　第 9 章

腾　静、晋媛媛　第 10 章

宋　凝　设计、绘制插画

全书由腾静、王胜会统撰定稿。

本书的撰写和相关研究，还得到了冠美百思特商学院、弈博明道作家导师团和快职场品牌的大力支持。各位智囊团顾问为本书的策划、创作提出了宝贵的意见和建议，庞从容老师、薛迎春老师也为本书的出版付出了辛劳。借此出版机会，对所有参与本书项目的合作机构和朋友表示敬意和感谢。

目　录

逆风飞扬：以心为本，为梦想远航

"Great hopes make great man." 伟大的理想造就伟大的人物；伟大的抱负造就伟大的事业。成功没有神奇妙方，关键是要把你擅长的事情做到极致。当你成长、蜕变、越来越强到他人无法超越时，就是你了！

《连线》杂志在报道中谈过，杰夫·贝佐斯（Jeff Bezos）每周都会预留出两天时间来畅想生活，寻找新的创意。有时，他仅仅是上上网，或者一段时间沉浸在自己的理想世界里。而且，他还对长远目标例行"签到"，时时"复盘"。贝佐斯每个季度都会与助手正式面谈，评估助手既定计划的进展情况。贝佐斯的这种做法是一种"逆向工作法"，是希望通过检验自己在过去取得的成绩、踏过的坑来汲取经验，以确保自己每一天都活得有价值。

日复一日的职场生活，我们同样需要例行思考、深度挖掘："我到底在做什么？其实我最想做什么？目前为止，我做得好吗？我如何才能做得更好……"

我们可以运用这种签到式的做法，帮助自己始终坚持长远目标，同时又可以确保我们的注意力不会被稍纵即逝、并未实践的创意所分散。要知道，你不是为团队和部门工作，而是为公司；你不是为老板干活，而是为你自己；你不是为同事和下属"擦屁股"，而是锻炼提升你的能力；你不是为家人而活，而是为你自己。

只要你愿意投入时间和精力来培养新技能，那么你就能够做好你应该做的事。如果你只涉猎你能力所及的固有领域，那么你的技能很快就会过时。工作中，我们就是以客户为出发点，但是下班后有时间冷静思考时，我们可以回到起点，服务好客户的过程同时也是我们自己成长的机会，我们努力学习所有需要的技能、技巧，开发和建造所有需要的技术、工具。

1.1 / 你的职场新起点再启航

庄子说："知无用，而始可与言用矣。"如果现在把你归零，你仍然愿意再来一次吗？当在职场混迹三五年或者说一个阶段后，就应该放空一次，清零一次。懂得了无用，才可以谈有用；懂得了释放过去，不纠结已取得的名利、受到的伤害、得到的多与少，才可以重新开始，真正凤凰涅槃、浴火重生。

成功都是过去时，改变永远没有终结。我们自我挑战、改变视角、改变思维模式，我们吐故纳新、勇于舍弃、回归原点，是为了继续前进。

就像威廉·萨默塞特·毛姆（William Somerset Maugham）的《月亮和六便士》里的主人公，如果踮起脚去摘天上的月亮，就得舍弃弯腰去捡地上的六便士。

再如《小城畸人》的作者舍伍德·安德森（Sherwood Anderson）对年轻的福克纳说的那样："如果你想成为一个作家，你必须有一个起点，即使是不起眼的乡下的小地方，它应该是你熟悉又不会为之感到羞愧的地方。有一个起点，至关重要。"是的，如同生命一样，职场有原点是极为重要的。因为，我们每个人总是从原点出发，最终又回到原点，只不过整个过程每个人经历的不一样，从原点回到原点的循环次数和时间长短不一样而已。

当然，每一次选择，都是职场生涯中的关键时刻，我们都很谨慎。其实，真正的焦虑来源不是职场经验丰富不丰富，而在于你是否获得了工作满足感、职场幸福感。所以，做出最终决定的依据是很明确的——两个问号：一个是你是"成就导向"的吗？另一个是你有"归纳思维"吗？

1. 我的成就导向阶梯

　　成就导向，就是一种希望并努力使工作杰出或超出优秀标准的目标。其标准可以是某个人自己过去的业绩，或一种客观衡量标准，或比其他人做得更好，或某人自己设定的挑战性目标，或任何人从未做过的事。而且取得某一独特的成绩也可认为具有成就导向。

　　我们可以对个人的成就导向进行衡量，如图 1-1 所示，即利用一个从低级到高级的行为参照标准作为评估的参考。

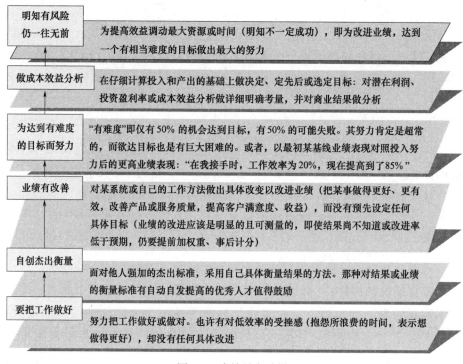

图 1-1　成就导向阶梯

2. 我的归纳思维矩阵

　　归纳思维，就是有能力确认那些关联不明显事物的规律，在极为复杂的情况下，确定关键或潜在的问题，运用包括创造性的、概念化的或归纳性的推理方法。

　　（1）运用基本规则：运用简单规则（经验法则）、常识和自己过去的经验确定问题所在。当目前情况与过去情况一模一样时，立即使用以往的处理方式。

（2）可看出类比模式：进行信息对比，可看出逻辑相关性、趋势或缺少的部分。当目前的情况类似于过去的情况时，可辨认出其相似性程度，然后再决定可采用的经验值是多少。

（3）可运用复杂的概念：运用理论知识或过去不同趋势与情况的统计、整合、分析来看待当前的局势。可恰当运用并适当修改复杂概念或方法，比如统计流程控制、全面质量管理（TQM）分析、管理风格、组织文化等，这些都是更高一级归纳思维素质运用的证明。

（4）可把复杂数据或情况澄清：可把复杂的观点、情况清楚简单或易于理解地呈现出来。归纳所有的观点、问题和观察到的事实，然后用一个清楚、有用的解释代之。即可以把复杂信息变为简单的信息，能够节省人工成本、时间成本，达到简单、高效。

（5）创造出新概念：为解释某种情况或解决某个问题时，可以创造出新的概念并加以运用，而那些概念他人看不出，也不是从过去教育或经历中所学到的，从而形成创新思维。

那么，留下几个问题你来思考一下？

你的职场生涯每次回到新起点，你都会闭环式地考虑你的职业适应性问题吗？

你在比照后能够找到你职业生涯的问题并制定好不后悔的决策吗？

你都可以找到并带上愿景、目标、新观点、新技术、新方法、新工具再启航吗？

无论走到哪一步，我们为之奋斗的事业都注定有一次归航，重新规划后，我们再次启航，必将充满能量也充满希望。

1.2 CASVE 职涯循环模型

对于职场精英来说，无论年龄、资历、工作经验、职场阶段等多么不一样，都需要在找到职场新起点，决定重新开始后，进行职业生涯规划或者二次定位，这其中就必须先明确职业生涯问题解决和决策制定的闭环流程。

CASVE 职业生涯问题解决和决策制定循环，包括五个阶段，即沟通（Communication）、分析（Analysis）、综合（Synthesis）、评估（Valuing）和执行（Execution），CASVE 就是这五个词的英文单词首字母。CASVE 可以为职场精英在各个关键阶段提供整个职业生涯问题解决和决策制定的指导。CASVE 职涯循环模型如图 1-2 所示。

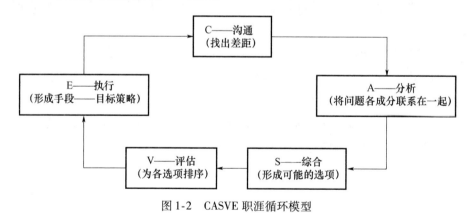

图 1-2　CASVE 职涯循环模型

1. 沟通

在这个阶段，个人会收到职业理想与现实之间存在差距的信息。这些信息可能通过内部或外部交流途径传达给个人。内部沟通，包括情绪信号，例如不满、厌烦、焦虑和失望，还有身体信号，如昏昏欲睡、头痛、胃部疾病等；外部沟通，包括父母对自己的职业规划的询问，同事、朋友对自己的职业评价，或者是网站、论坛、杂志、报纸等媒体上关于自己的专业正在逐渐过时的文章。

这是意识到自己需要做出选择的阶段。在这个阶段，个人通过各种感官和思考充分接触问题，发觉存在差距已不容忽视。

2. 分析

在这个阶段，问题解决者需要花时间去思考、观察、研究，从而更充分地了解差距，了解自己有效地做出反应的能力。好的职业生涯决策者会减少冲动行事在沟通阶段所体验的压力或痛苦，因为他们知道，这是无效的，甚至可能令问题恶化。他们清楚要解决这个问题需要了解自己的哪些方面，了解环境的哪些方面，需要做些什么才能解决问题，为什么自己会有这样的感受，家庭会怎样看待自己的选择等。

这是了解自己和做出各种选择的阶段。在这一阶段，职业生涯问题决策者通常会改善自我知识，不断了解职业世界和家庭需要。简而言之，在分析阶段，职业生涯决策者应尽可能了解造成在第一阶段发现的差距的原因。同时，分析阶段还需要把各种因素和相关知识联系起来。例如，把自我知识和职业选择联系起来；把家庭和个人生活的需要融入职业选择中。

3. 综合

综合主要是加工上一阶段提供的信息，从而制订消除差距的行动方案。其核心任务是通过确定自己可以做什么来解决问题，这是一个扩大并缩小选择清单的过程。

首先，尽可能多地找到消除差距的方法，发散地思考每一种办法，甚至采用"头脑风暴"进行创造思维。其次，缩小有效方法的数量，通常缩减到3—5个选项，因为人们头脑中最有效的记忆和工作容量就是这个数目。

4. 评估

评估阶段，前提是选择一个职业、工作或大学专业。评估阶段的第一步是评估每一种选择对职业生涯决策者和他人的影响。例如，如果选择了职业

A，这将会给自己、伴侣、父母、孩子、朋友、邻居等带来什么影响？每种选择都要从对自己和对他人的代价和益处两方面进行评价，并综合物质上和精神上两个方面的因素。

评估阶段的第二步就是对综合阶段得出的选项进行排序。能够最好地消除在沟通阶段所确定的存在于现实与理想状态之间的差距的选项排在第一位，次好的排在第二位，以此类推。此时，职业生涯决策者会选出一个最佳选项，并且做出承诺去实施这一选择。

5. 执行

在这一阶段，职业生涯决策者将根据为行动制订的计划把思考转换为行动。执行包括形成手段——目标策略，以及确定一系列逻辑步骤以达到目标。

CASVE 循环是一个不断重复的过程，在执行阶段之后，职业生涯决策者又回到沟通阶段，以确定已经做出的选择是不是最好的，是否能最有效地消除理想与现实间的差距。

1.3 领着干、帮着干 & 跟着干、对着干

如果你认为学校老师太严厉，等你有了老板再比较一下；如果你所在的班级已经不再区分优等生与劣等生，职场却依然竞争残酷；如果有些学校已经废除了不及格，每次考试结束老师还会给你答案重新做一遍，职场中却只有一次机会，客户丢了就找不回来了，别人晋升了就没有你的份儿了……

一起来看一下这张图，观察图中人的站位和行为，扪心自问：图中哪一个是你？目前你是哪一个？将来你想成为哪一个？

领着干、帮着干 & 跟着干、对着干

1. 领着干：团队领头羊

领着干的人作为公司的领袖或者团队的核心，时刻保持着一颗强烈的事业心。领着干的人能为公司发展谋划正确的方向，带领整个团队"抬着货物"向前奔，未来属于这样的人！

老板是公司的领头人，但老板并不能解决所有的问题。老板既是领头人，又是上司，从组织结构来说，创业型公司普遍实行的是扁平化管理。一个领头人带领着七八个人创业，在这种公司里，我们对于自己所负责的领域必须牵头干。因为每一个人都有自己的专业，负责某一领域，甚至是所负责的板块的核心。

在创业普遍化、草根化的今天，企业内部创业也被鼓励。有一些有创业想法的在职者会找几个朋友成立工作室，或者在公司的大平台上转变角色、建立合作关系，或者成立事业部自负盈亏，又或者发起新项目成立松散的项目小组，进而实现自己的梦想。此时，作为公司的元老级人物，领着干就非常重要。

也有很多时候，公司为了资源整合、节省成本，提高效率和专业化程度，需要与外界进行联合，会把一些项目或板块外包，所以就会出现一支兼职的队伍。此时，作为某一领域或某一板块的负责人，不仅有自己公司的专职下属，还会有外界的兼职团队，但外部人员对于本企业的情况和文化并不是十分了解，因此领着干就显得更加重要。

作为公司某一板块的负责人或核心，我们需要保持一颗强烈的事业心，为自己的岗位负责，为自己所做的事情负责，为自己带领的团队业绩负责。

所有的种子，破土而出的时候，不会去想遇到的是风雨，还是阳光。领着一帮人开创事业不要提前去设想结局，干了才知道下一步是什么，重点是迈出第一步。

2. 帮着干：骨干和关键人才

如果你站在了这个位置上，可以肯定你距离成功不远了，你只需再向前跨出一步就成了。但是，如何向前迈进呢？三个字：进取心！就是说你的责任心要极强，各方面素质也要过硬，给领导一个欣赏你的理由。但是，如果你故步自封，注定是会被淘汰的。想要突破自己，就必须奋发向上，因为，停止就是倒退！

能够帮着干，说明心态积极，认同企业文化。只是由于进入公司的时间尚短，或者受能力所限，可能暂时不能成为公司的灵魂人物。

帮着干的人，需要提升自己的整体素质，这种素质不仅仅是指专业上的，而且还有心理上的。如果是技术、技巧不过关或者专业能力不够强，那么就应该通过各种渠道提升，这是硬性的条件。还有一种就是思想上不愿意承担责任，宁愿成为技术王，也不愿意担负起领导责任或管理职责。你要深刻地认识到：总有一天你需要独当一面，需要从一个新员工成长为师傅，指导新员工，独挑大梁。

所以，帮着干的人首先值得肯定，其次要分析自己的问题所在，到底是专业技术上存在问题，还是心理上需要转变。基于这两个方面，重新认知自己的需求、兴趣、能力所在，制订规划，争取从帮着干的位置顺利过渡到领着干的岗位上去。

3. 跟着干：“骑驴找马”的观望者

跟着干，说明你已经融入了这个团队，所有公司都需要一大批这样“指到哪儿打到哪儿”的员工。但是你要明白，智慧职场“执行到位”仅仅是最基本的要求。

跟着干，如果你是新员工或初入职场那还可以接受；如果你已经在职场锻炼三五年或者更长时间了，还总是等着上司指导你、催促你、逼迫你，所有项目和任务的完成都不主动、没有创新、唯命是从，从某种意义上来说，你就在混日子！

混日子，表面上看混的是时间，“当一天和尚撞一天钟”，其实耗掉的是自己的青春。公司老板在你身上损失一点儿薪水是小事，你失掉的时间不是人生彩排，不可能重新来过。

究竟是你在混日子，还是日子在混你？那可就不好说了。

还有，当今社会流传着一种“佛系人生”的观点。“佛系”就是不争不抢，随遇而安。持这种观点的人常用词是：可以，都行，你看着办。颓废的人不要拿“佛系”说事，看似不争不抢、恬淡舒适的职场人生背后，其实是缺少干劲儿，缺少激情，缺少与工作较真儿的态度，失去了挑战自我的勇气。职场折腾也是一场，不折腾也是一场，相信折腾的智慧职场会更精彩，会有无限的可能性。

4. 对着干："一块臭肉坏了满锅汤"

对着干的人，会找自己信服还想说服别人的理由，基本上都是这种思维：我有我的个性，我有我的想法，我不喜欢这个，我觉得那个有问题，等等。

对着干的人，已经脱离了整个团队，而且严重阻碍团队的发展。持有这种心态的人，无论安置在哪里，都没有培养的价值，要找机会果断辞掉，因为他们带来的永远是负能量、负效应。针对这类人的建议是：不喜欢公司就马上离开，待在公司就要全力以赴把工作做好。

马云曾在一次演讲中这样说："如果你做的这份工作是不开心的，你讨厌这份工作，那你就赶快换另一份工作，因为继续从事这份工作对你来讲是没有任何意义的。"这就好像有人说的"你娶了她做老婆，你不爱她，还天天打她，但又不离婚，你是什么意思？"虽然例子举得有些偏颇，但是道理很明白，既然选择了，就要好好地、认真地对待；如果觉得不合适，你可以重新选择，而不是对着干，损人不利己，玩"零和游戏"。

经过上述分析，你再回过头来看一下本章开篇的插画，你所属的团队中哪一类人最多？如果新组建团队，你会自觉不自觉地把你的人区分这几个站位吗？你想帮助你的团队中的哪个人换到哪个位置？再深度思考一下，为什么每个人选择的站位不一样？尤其是有的人为什么会与团队领导对着干？有没有什么深层次的理论依据或解决方法？

大咖案例："有偿离职"检验"镜中自我"

心理学上有现实自我、理想自我和镜中自我的说法。也可以说，通过日常生活、职场交往和一些测评工具，可以发现真正的自我。当然，这里我们用的是有些企业实践过的"有偿离职"的管理方式，创新地结合心理学研究，找到真正的自我。

美国著名心理学家罗杰斯（C. Rogers）提出，每个人都有两个自我：现实自我（Actual Self）与理想自我（Ideal Self）。其中，前者是个人在现实生活中获得的真实感觉，而后者则是个人认为"应当是"或"必须是"的理想状态。只有当现实自我与理想自我达到某种融合的时候，一个人才能达到真正的自我实现（Self Actualization）。

　　无独有偶，美国社会学家、社会心理学家查尔斯·霍顿·库利（Charles Horton Cooley）在他《人类本性与社会秩序》（1902 年）一书中提出了"镜中之我"（Looking-glass Self）的理论。

　　镜中之我，即镜中自我，就是指人是通过观察别人对自己行为的反应而形成自我意识，完成自我评价。职场中，每一个人都是另一个人的一面镜子，通过他人对自己负责的项目和职责任务完成情况提出的意见或者表现的态度，可以反观自身，形成不同于己的自我观念。在想象上司、领导或者同事、下属对自己是有好感还是厌恶，认为自己是骄傲还是谦卑时，我们大部分人都会做出改进，以期达到与对方尤其是上司的协调。

镜中自我

　　"镜中自我"标志着一个人能够把自己视为一个对象，站到别人的角度观察自己。自我判断、评价与他人的评价越接近，一个人的自我意识越强。

　　所以，在职场中，别人怎么看你，怎么议论你，都照射着你职业人格与道德的优缺点。对此，你是选择视而不见，还是选择扬弃意见和建议不断完善自己呢？当然，我们可以自己主动、自觉地跟自己"过不去"，自己给自己念"紧箍咒"，自己跟自己对话、沟通并达成协议。不过，如果自己不能够自觉、自发，还可以借助外力，比如企业出台的那些管理规定。

👉 　　"有偿离职"是亚马逊（Amazon）创新运用的一种管理方式。亚马逊创始人兼 CEO 杰夫·贝佐斯（Jeff Bezos）还专门在公司 2014 年财报的致股东信中解释了这项制度。亚马逊每年提供一次"给钱走人"的机会。比如，亚马逊物流中心的员工，每年都可以有一次选择自动离职的机会。而且，每次的"离职奖金"逐年上涨，第一年是 2000 美元，此后每年增加 1000 美元，最高金额为 5000 美元。

贝佐斯对股东们解释："我们的目标是让员工有机会思考自己真正想要的是什么。长久来看，把员工留在其不情愿的地方，无论对他本人还是对公司，都不是一件明智的事。"可以看出来，亚马逊并不是真的想出钱促使这些员工离职。因为员工拿到这份合同时，第一页上就醒目地提示着一句话：请不要接受这份奖金。

怎么样？如果你所在的公司也有这样一项制度，不正好是你自己每年思考这几个问题的时候吗？"镜中自我"检验问题对照，如图 1-3 所示。

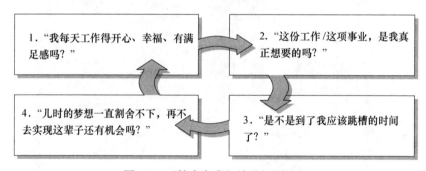

图 1-3　"镜中自我"检验问题对照

1.4 职业适应性测试验证 "真正自我"

如果你问有没有什么测试工具，可以测试一下连自己都不够了解的自己、连自己都不清楚的自己，为什么选择在这个岗位上，为什么不选择在那个岗位上？回答是肯定的：有的。那就是职业适应性测验。

职业适应性测验，主要从个人的兴趣、需求、动机等方面入手，考察人与职业或职位之间的匹配关系。通过这一类测验，可以帮助个人了解自己对工作的期望，对生活的目标、追求或者愿望，这类测验对于做出准确的职业决策以及好好干都有重大意义。

1. 职业需求测验和动机测验

不同学者对需求理论有不同的研究，其中较著名的是马斯洛的需求层次理论。美国心理学家马斯洛认为，人的需求像阶梯一样，从低到高，按层次逐级递升，分别为生理需求、安全需求、情感和归属的需求、尊重的需求、自我实现的需求。对个人职业的需求测验，可以按照马斯洛的需求层次理论来进行。

动机测验，是指运用具有针对性的测验方法来测验被测评者从事某职业或做某件事情时的动机及其动机的强弱程度。麦克利兰认为，个人在工作情境中主要有三种重要的动机或需要：成就需要，即争取成功并希望做到最好的需要；权力需要，即影响或控制他人并且不受他人控制的需要；亲和需要，即希望建立友好亲密的人际关系的需要。

2. 职业适应性测评问卷

下面阐述三种有代表性的职业适应性测评问卷。

（1）斯特朗—坎贝尔兴趣调查（SCLL）。SCLL 最新版本中的项目包括

325 个，有 264 个量表，其中包括 6 个一般职业主题量表，23 个基本职业兴趣量表，207 个具体职业兴趣量表，2 个特殊量表和 26 个管理指标量表。SCLL 适用于初中文化程度以上的被测评者。

（2）库德职业兴趣测验。库德职业兴趣测验是由一系列题目构成，每三个题目为一组，它要求被测评者根据自己的实际情况在每一组中选出一个自己最喜欢的和一个自己最不喜欢的，它要求必须对每组测试都进行选择，该量表采用的是"强迫选择"技术量表。

（3）霍兰德职业兴趣测验。霍兰德职业兴趣测验的假设是人可以分为六大类，即现实型、研究型、社会型、传统型、企业型、艺术型，同时职业环境也可分成相应的六大类，他认为人格与职业环境的匹配度是形成职业满意度、成就感的基础。

下面推荐其中一种比较适合智慧职场精英运用的测试工具。

3. 霍兰德职业兴趣六角型

霍兰德职业兴趣自测（Self-Directed Search），是由美国职业指导专家霍兰德（John Holland）根据他本人大量的职业咨询经验及其职业类型理论编制的测评工具。

霍兰德认为，个人职业兴趣特性与职业之间应有一种内在的对应关系。根据兴趣的不同，人格可分为研究型（I）、艺术型（A）、社会型（S）、企业型（E）、传统型（C）、现实型（R）六个维度，每个人的性格都是这六个维度不同程度的组合，如图 1-4 所示。

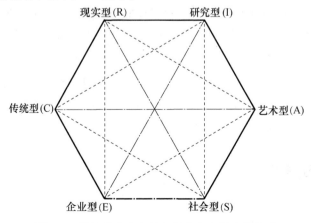

图 1-4　霍兰德个人兴趣与职业六个维度的关系

霍兰德提出的六角形模型将这六种人格类型之间的关系表现出来，如图1-4所示。实线"———"代表"密切相关类型"的关系，虚线"……"代表"一般相关类型"关系，点连线"··—··—"代表"相斥类型"的关系。

六角形模型用于评估人格特性和职业环境类型的匹配度。以研究型为例，如果一个人是研究型，它选择研究型或"密切相关类型"的职业，则能够达到职业协调；如果选择"一般相关类型"的职业，则达到职业次协调；如果选择"相斥类型"的职业，则职业不协调。

从现实中可以发现，不少人的职业兴趣不是一成不变的。有人从一而终，一辈子只干一种工作；也有人可以跨越多个行业，从事多种职业。而且，一个有三五年工作经历的职场精英，也可以在职业生涯的几个关键阶段，进行多次职业兴趣测试，然后根据测试结果及时调整方向，实现一个匹配—不匹配—匹配的过程。

测试点评：霍兰德六个岛屿你选哪一个

在职场的大风大浪中，我们可以学学船长的做法，在狂风暴雨之前把笨重的货物扔掉，以减轻船的重量。人的精力是有限的，要懂得舍得，要学会选择。

六个兴趣岛的测试是将上述霍兰德职业兴趣理论中的六种个体类型比喻成岛屿，通过选择岛屿，洞察自己真正的个体类型，匹配自己喜欢和不喜欢的职业内容，帮助自己把握好职业定位和方向。

测试题目：我们先来参观一下六个神奇的职业兴趣岛

A岛——"美丽浪漫岛"：这个岛上到处是美术馆、音乐厅，弥漫着浓厚的艺术文化气息。岛民们保留着传统的舞蹈、音乐与绘画技能。许多文艺界人士都喜欢来到这里开沙龙派对寻求灵感。

C岛——"现代井然岛"：处处耸立着的现代建筑，标志着这是一个进步的、都市形态的岛屿，岛上的户政管理、地政管理及金融管理都十分完善。岛民们个性冷静保守，处事有条不紊，善于组织规划。

E岛——"显赫富庶岛"：该岛经济高度发展，处处都是高级饭店、俱乐部、高尔夫球场。岛民性格热情豪爽，善于企业经营和贸易活动。岛上往来者多是企业家、经理人、政治家、律师，等等。这些商界名流与上等阶层人士在岛上享受着高品质生活。

I 岛——"深思冥想岛"：这个岛平畴绿野，人少僻静，适合夜观星象。岛上有很多天文馆、科技博物馆、科学图书馆。岛民们最喜欢猫在自己的小房子里，天天钻研学问、沉思冥想、探究真知。哲学家、科学家和心理学家们在这里约会，讨论学术，交流思想。

R 岛——"自然原始岛"：这是个自然生态优良的绿色之岛。岛上不仅保留有热带雨林等原始生态系统，而且建立了相当规模的植物园、动物园、水族馆。岛民以手工制造见长，他们自己种植花果，栽培蔬菜，修缮房屋，打造器物，制作工具。

S 岛——"温暖友善岛"：这个岛的岛民们都性情温和，乐于助人，人际关系十分融洽。大家互助合作，重视教育后代。每个社区都能自成一个密切互动的服务网络，处处充满着人文关怀气息。

真实地回答四个问题，时间为 15 秒钟：

1. 如果你必须在六个岛之中的一个岛上生活一辈子，成为这个岛民的一员，你第一会选择哪个岛？

2. 第二会选择哪个岛？

3. 第三会选择哪个岛？

4. 打死你都不愿意选择的是哪个岛？

选择好后，依次自行记录下四个问题的答案。

测试分析：

其实，这六个岛分别代表了六种不同的职业类型，它们的描述以及矛盾关系如下：

A 岛—艺术型（Artistic）　　vs　C 岛—传统型（Conventional）

E 岛—企业型（Enterprising）　　vs　I 岛—研究型（Investigative）

R 岛—现实型（Realistic）　　vs　S 岛—社会型（Social）

问题 1 的答案体现了你最显著的职业性格特征、最喜欢的活动类型以及最喜欢（很可能是最适合）的大致职业范围。反之，问题 4 的答案则是你最不喜欢的活动等。

六个岛屿所代表的职业类型及分析：

A 岛——艺术型（Artistic）

总体特征：属于理想主义者，具有独创的思维方式和丰富的想象力，直觉强烈，感情丰富。

喜欢活动：喜欢创造和自我表达类型的活动，如音乐、美术、写作、戏剧。

喜欢职业：总体来讲，喜欢非精细管理的创意类和创造类的工作。如音乐家、作曲家、乐队指挥、美术家、漫画家、作家、诗人、舞蹈家、演员、戏剧导演、广告设计师、室内装潢设计师。

C 岛——传统型（Conventional）

总体特征：追求秩序感，自我抑制，顺从，防卫心理强，追求实际，回避创造性活动。

喜欢活动：喜欢固定的、有秩序的活动，如组织和处理数据等。愿意在一个大的机构中处于从属地位，并希望确切知道工作的要求和标准。

喜欢职业：总体来讲，喜欢有清楚的规范和要求、按部就班、精打细算、追求效率的工作。如税务专家、会计师、银行出纳、簿记、行政助理、秘书、档案文书、计算机操作员。

E 岛——企业型（Enterprising）

总体特征：为人乐观，喜欢冒险，行事冲动，对自己充满自信，精力旺盛，喜好发表意见和见解。

喜欢活动：喜欢领导和影响别人，或为达到个人或组织的目的而说服别人，成就一番事业。

喜欢职业：总体来讲，喜欢那种需要运用领导能力、人际能力、说服能力来达成组织目标的职业。如商业管理者、市场或销售经理、营销人员、采购员、投资商、电视制片人、保险代理、政治运动领袖、公关人员、律师。

I 岛——研究型（Investigative）

总体特征：自主独立，好奇心强烈，敏感并且慎重，重视分析与内省，爱好抽象推理等智力活动。

喜欢活动：喜欢独立的活动，比如独自去探索、研究、理解、思考那些需要严谨分析的抽象问题，独自处理一些信息、观点及理论。

喜欢职业：总体来讲，喜欢以观察、学习、探索、分析、评估或解决问题为主要内容的工作。如实验室工作人员、物理学家、化学家、生物学家、工程师、程序设计员、社会学家。

R 岛——现实型（Realistic）

总体特征：个性平和稳重，看重物质，追求实际效果，喜欢实际动手进行操作实践。

喜欢活动：愿意从事事务性活动，如户外劳作或机器操作，而不喜欢待在办公室里。

喜欢职业：总体来讲，喜欢与户外、动植物、实物、工具、机器打交道的工作内容。如农业、林业、渔业、野外生活管理业、制造业、机械业、技术贸易业、特种工程师、军事工作。

S 岛——社会型（Social）

总体特征：洞察力强，乐于助人，善于合作，重视友谊，热情关心他人的幸福，有强烈的社会责任感，总是关心自己的工作能对他人及社会做多大贡献。

喜欢活动：喜欢与别人合作的活动，帮助别人解决困难。

喜欢职业：总体来讲，喜欢帮助、支持、教导类工作。如牧师、心理咨询员、社会工作者、教师、辅导员、医护人员及其他各种服务性行业人员。

1.5 个人品牌要像创业项目一样经营

职场生涯中是有个人品牌的，个人品牌像企业品牌一样也是有外显价值和内在价值的。一个企业的品牌，能够立足于世，是因为好的产品、好的服务、好的形象。个人的品牌亦是如此。个人品牌，是指个人所拥有的外在形象和内在涵养所传递的独特、鲜明、确定、易被感知的信息集合体。个人品牌，能够展现足以引起群体消费认知或消费模式改变的力量。

美国管理学者彼得斯有一个被广为引用的观点：21 世纪的工作生存法则就是建立个人品牌。在这个竞争日益激烈的时代，不论身处什么样的组织，要让人们认识你、接受你，首先就要充分展示自己的能力，过分的谦虚就是骄傲，别人会认为你真的不懂。

倘若你埋头苦干却未被老板、上司和同事看到、认可，你的杰出表现就会被铺天盖地的信息所淹没。因此，每个人的职场价值应该展现、继而被认可，要想获得个人成功，要想拥有如鱼得水的职场精英生活，每个人都需要像创业企业一样，建立起有自己鲜明个性的"个人品牌"。只有这样，你才能拥有持续发展的事业。这样的个人品牌需要通过一个个事件来诠释、体现。

👉 拉里·佩奇（Lawrence Edward Page），是 Google 公司的创始人之一，2011 年 4 月 4 日正式出任谷歌 CEO。佩奇认为，创新才是谷歌的未来，而不仅仅是维持现有状态。佩奇说："很多公司一旦开始盈利，就会减少对研发的投入。的确，做你熟悉的事情确实非常容易。但是，过去的经验告诉我们，一旦停止创新，就很有可能被他人所超越。"

因此，对于管理像谷歌这样的新型互联网企业，需要的不仅仅是通过已有产品站稳脚跟，更重要的在于对产品研发的不断投入和版本迭代的容错，鼓励员工开拓更多新的方向。并且，佩奇认为创新实现不了商业化是没有任何意义的。他举了一个例子，施乐公司的帕洛阿尔托研究中心是一家著名的专注于大思路策划和创新的公司，贡献了许多创意和好点子，却因为糟糕的、滞后的商业化导致了最终的失败。

同样地，对于个人而言，如果自己说或者认为自己很有价值，但是做的全是所谓的"公益"而没有收入进账的事情，可能也得不到认可。毕竟，相对于商业化的企业来说，个人获得高薪也是很重要的一种价值的体现。

在面对竞争时，佩奇认为公司的原动力很重要，与其将注意力放在竞争对手上，去做雷同的产品以谋求与其竞争、保护自己，不如去研究新的、更有趣的东西使自己的生命有价值。

对于个人而言，就是要建立自己的个人品牌、独特标签，比如，带项目找我就好了，快速组建超强团队、严格把控项目进度、产品或成果文件质优价廉；产品开发找我就好了，新颖、创新、有市场；培训讲课找我就好了，案例、视频、测评、故事、模型、模板一个都不少，课后落地能实操……

佩奇还认为，诉讼官司和内外部竞争不会让一家企业倒闭，让它失败的是公司目标不清晰、走错了方向，以及提不起竞争的野心。对于个人品牌打造也是一样的，要有方向，要重新定位，要有竞争求胜的信心和屡败屡战的恒心。

所以，汇集一下我们智慧职场的观点："每个职场精英都是创业者""打工也要有创业精神""把一份打工的职责当成事业来做"。同时，我们也赞同这样的观点："一个人要像一支队伍，对着自己的头脑和心灵招兵买马，不气馁、有召唤、爱自由、有成果。"（刘瑜《送你一颗子弹》）

第 2 章

工作菜单：超越我的岗位职责

岗位职责，在这里我们不是从人力资源管理的角度下定义，而是说，宁可把自己的椅子坐斜了，也不可越位坐别人的椅子。规矩很重要，没有规矩不成方圆，职场中人要遵循职业操守、岗位职责。君子爱财，取之有道，职场人生，看清自己的位置很重要。

把自己的椅子坐斜了也不越位坐别人的

不过，也别走极端，不敢越雷池一步。不属于你岗位职责的事项你会做吗？话锋一转，我会。因为职场中尤其是中小企业和初创企业，不是一个萝卜一个坑，更强调团队作战，既分工又协作。做好自己的，帮助他人；做好当下，想想未来。

职场人士最大的运气，不是捡钱，不是中奖，而是有前辈可以带你走向更大的舞台。限制职场中人发展的，不是智商，更不是学历，而是你所处的工作圈子、项目圈子。没有所谓的贵人，如果你非认为有，那么那个贵人就是开拓你的眼界、带你进入新的世界的"多做了那一点儿的机会"。

2.1
双向选择、精细化 & 职场奋斗

一般来说，企业和员工之间是双向选择的关系，岗位职责是企业人力资源部门经过专业的工作分析、沟通、正式发布实施的。

相对而言，企业要求员工严格遵循岗位职责，并从中提取绩效考核的关键绩效指标（KPI）。可以说，岗位胜任是企业对员工的基本要求。但是，在圆满完成岗位任务的基础上，能再做多少？做到什么程度？够不够精细化？有没有职场持续奋斗的精神头和能力，那是因人而异的。

1. 企业与员工的双向选择

企业与员工不存在孰高孰低，双方地位应该是平等的。也就是说，合作与否、合作是否愉快、是否为长期合作进行了努力，体现在企业与员工的双选模型中，如图 2-1 所示。

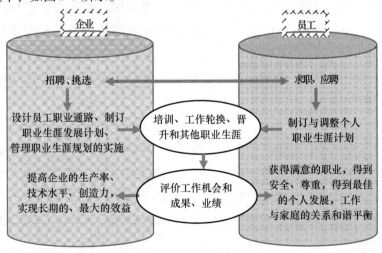

图 2-1 企业与员工的双选模型

2. 精细化

精细化作为一种意识、理念和认真的态度，体现着精益求精、千锤百炼的工匠精神文化。其实，春秋时期的大思想家老子就提出"天下大事作于细"的观念。20世纪50年代，日本企业提出了精细化的管理理念。20世纪90年代，精细化的理念开始在西方盛行。

精细化管理，是一种运营理念和管理技术，通过建立系统化和细致化的规则，并运用程序化、标准化、数据化和信息化等手段，使组织管理精准、高效、协同和持续运行。精细化管理建立在常规管理基础之上，并高于、深于常规管理，是一种以最大限度地减少管理所耗用的资源和降低运营成本为主要目标的管理方式。

在职场时间长了，就会发现擅长精细化管理的同事与其他人是不一样的。这类人的整个状态不一样、工作任务执行的理念不一样、拿到的成果业绩不一样，他们做任何事情均可以超越老板的期望、引起同事的"羡慕嫉妒恨"、得到下属敬佩的眼光和心里的佩服。做好精细化需要把控精、准、细、严四个关键点。

（1）精——精益求精。具体表现为，企业需要有效运用文化"精华"，比如企业精神、技术"精华"等来指导、促进企业的发展。企业必须用有才能的、精干的管理者，以促进企业的发展。企业应建立"精品"管理系统和产品体系，以形成核心竞争力、创建优势品牌。企业需要"精致"地管理员工、服务顾客、打造市场。企业各部门、各环节需要精密地配合与协作。

（2）准——准确、准时。具体表现为情报准、判断准、决策准、沟通准、执行准、操作准。

（3）细——细致、周到。也就是指细分组织机构中的部门和岗位，建立健全企业管理体系，明确各部门和各岗位员工的职责和权利。细分企业战略目标、决策机制、工作任务、执行指令等，使每一个细节落实到人。细化企业管理制度的编制、实施、控制、修订、激励等程序，使管理制度的每一环节规范化。细分市场，全面准确把握企业内外部环境的变化，确保企业发展的定位准确。

（4）严——检查、控制。严格是使精细化变为事实的关键性条件。主要体现为通过管理、监督和检查，严格控制并及时纠正企业活动中的各种偏差，把控管理过程中的关键点、风险点、利益点、控制点，并落实到部门、落实到岗位、落实到人员、落实到问题。

3. 职场奋斗七大经验值

在职场奋斗，必须掌握和了解职场规律，观察自己身处的内外部环境，及时调整心态，才能做到适者生存。职场奋斗七大经验值与大家分享。

（1）要想提高工作积极性，就要把每天当成试用期，树立危机意识、预警意识、成果意识，努力工作，始终保持主动进取的劲头。

（2）要想提高学习积极性，就要保持终身学习的态度，今天所学到的或许明天用不到，后天也用不到，但在将来的某一天一定可以用得到。

（3）努力让自己的小目标向公司的大目标靠拢，才能更快实现个人目标，只有团队才能做大事，有共同的目标才是一个团队，否则充其量就只能是个"团伙"。

（4）当你怀才不遇、遭受不公平待遇、想要跳槽时，就要更加努力工作和学习，让自己具备跳槽后可以拿到比现有岗位薪酬高出两倍的能力。

（5）一定要看明白付出与收获的关系，付出未必有收获，但不付出肯定什么也得不到，想要收获就必须先付出。懂得了这个道理，就会在职场中如鱼得水、事半功倍，一步步迈向既定的目标。

（6）督促自己树立起责任意识、担当意识，带着勇于奉献的精神全力以赴为上司分忧，上司看不到、想不到、做不到的，作为下属的你要替上司看到、想到、做到。

（7）你可以先从胜任岗位职责开始，因为每个人都身在职场，都身兼数职，都有工作任务需要完成。电视剧里演的并非真实的人生，职场现实中每个人不会经常待在咖啡馆，紧张又繁忙地敲键盘或者跑来跑去才是常态。

大咖案例：看到了就是我的责任

"位卑未敢忘忧国，扫尘亦能利天下。"每个岗位都是有价值的。复杂的事情简单做，你就可以成为专家；简单的事情重复做，你就可以成为行家；重复的事情用心做，你就可以成为赢家。总之，机遇是属于拓荒者的，成功是属于自信者的，奇迹是属于永不放弃者的。

身为一名优秀员工，公司的事就是你的事，团队的事就是你的事，你所看到的任何问题都有你的责任。有些员工对岗位职责之外的事情不闻不问，深信"多一事不如少一事""干得越多出的问题越多、落的埋怨越多""两耳不闻窗外事"，这是一种偷懒行为，也是一种不作为，这样的人其职场之路势必越走越窄，其职业生涯必将碌碌无为。

相反，如果上班八小时眼睛亮一点儿、脑子转得快一点儿、腿脚动得勤一点儿，不那么斤斤计较、不那么前怕狼后怕虎、不算计舍得，肯定会闯出一片新天地。有一个"口头禅"的故事分享给各位读者朋友。

👉 香港著名影视经纪人赵润勤，活跃在娱乐圈 30 年，被称为"鬼才星探"。赵润勤已经是香港娱乐圈的金牌经纪人，但是他成功的故事却鲜为人知。

许多年前，刚刚进入社会的赵润勤，在一家广告公司当勤杂工。尽管工作非常琐碎甚至有些卑微，但是赵润勤每天都以饱满的精神对待工作。他往往是最早到公司、最晚离开公司的那一个。

有一天，上司让赵润勤寻找一些艺人档案，在寻找过程中，赵润勤发现，这些档案竟是如此凌乱不堪。于是，他花了几个通宵把这些档案全部整理好。老板很快发现了档案资料存放的变化。当得知这是由一个刚到公司的勤杂人员独立完成的时候，老板非常惊讶，立即决定与这个年轻人谈一谈。老板通过与赵润勤关于演员管理的交流之后，当场决定升赵润勤为演员联络主任。那一年，赵润勤只有 18 岁。

假如你遇到这种情况，你的下属遇到这种情况，都是怎么办的呢？在现代职场责、权、利的界定中，从正面来说就是职责明确、分工协作顺畅，从反面来说就是各顾各的，事不关己，高高挂起。在职场要做有心人，看到了就是你的责任，不要再拿"岗位说明书"当"挡箭牌"了，在能做的时候就多做一点点。赵润勤式的好员工有多少？我们还能再多做些什么事儿？图 2-2 所示，其实是每个人的义务，每个人都可以做到。

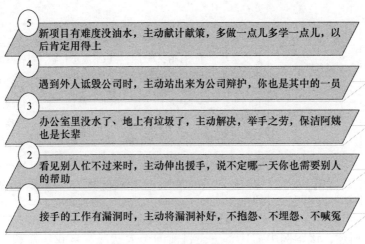

5 新项目有难度没油水，主动献计献策，多做一点儿多学一点儿，以后肯定得上

4 遇到外人诋毁公司时，主动站出来为公司辩护，你也是其中的一员

3 办公室里没水了、地上有垃圾了，主动解决，举手之劳，保洁阿姨也是长辈

2 看见别人忙不过来时，主动伸出援手，说不定哪一天你也需要别人的帮助

1 接手的工作有漏洞时，主动将漏洞补好，不抱怨、不埋怨、不喊冤

图 2-2　这些都不是分外之事

大咖案例：工程师职业发展计划

王飞，在一家中型电子公司担任电子工程师。当在公司工作了两年半的时候，他就给自己制订了如下的职业发展计划，并进行了自我评估。不知王飞的经历对我们智慧职场求上进的小伙伴们有什么启发？

目前职业：电子工程师，主要负责生产制造流程的技术管理与服务。

工作资历：两年半。

直接主管：直接主管是主任，再往上是副经理、经理。

周边同事：同事有三位。

所以说，小王是综合梳理了现状，考虑了相关因素后才制订的职业计划，还进行了包括发展限制、改善措施等方面的比较客观、能够执行的分析与考量，如表 2-1 所示。

表 2-1　工程师的职业发展计划

序号	职业计划维度	职业计划落地与执行
1	职场晋升	一年半后升任资深工程师，3 年内晋升为主任，或调到开发工程师岗位，5—7 年担任副经理或同等级别的职务
2	发展限制	性格内向，不善钻营，人际关系技巧匮乏。技术方面，电子线路设计能力有待提升。贪玩、假日不肯加班。缺乏自信，解决问题的能力偏弱

续表

序号	职业计划维度	职业计划落地与执行
3	改善措施	广交益友，树立自信，从小目标、小成功开始，积极参加公司举办的培训，自费报名问题解决方面的课程
4	需求支援	部门团队或公司同事的支持、协助与鼓励，家庭的理解与支援；业余时间上课，减少约会，利用碎片化时间学习，存钱买书，请教师傅或泡图书馆；每周定期运动，加强意志力训练
5	目标达成	职业发展目标实现后要给自己激励，并为家人、上司、同事、朋友购买小礼品或贺卡，申请休假，制订下一期提升计划或职业目标

综上所述，该案例中描述了王飞目前的个人状况、自我认知和今后的自我完善方法，以及自我提升需要的诉求等，并对目标实现后自己的行为给予了准确的定位，表明王飞个人职业计划编制的正确态度。所以，我们不妨思考一下：

（1）如果你是王飞的直接主管，你对他的职业计划有何评价，应该如何帮他？

（2）参照以上格式给自己制订一个职业计划，并进行自我评估，与同事深度交流一下。

那么，分享一个很多职场大咖们用过的个人职业发展计划表，希望对大家今后的职业发展提供一定的参考。个人职业发展计划表，如表2-2所示，试着花30分钟填写并反思一下吧！

表2-2 个人职业发展计划表

姓名		计划编制时间	
年龄		性别	
所学专业		学历	
目前所在部门		目前任职岗位	
职位类型（在选定的种类上画"√"，可多选） □管理□技术□营销□操作□辅助 其他请注明：			
人生目标（一句话概述）：			
岗位目标			

续表

技术等级目标	
收入目标	
社会影响目标	
重大成果目标	
其他目标	
人生通道	1. 图示（粗略）： 2. 简要文字说明：
实现人生目标的 战略要点	
长期目标（通常 10 年以上）	
岗位目标	
技术等级目标	
收入目标	
重大成果目标	
长期通道	1. 图示（粗略）： 2. 简要文字说明：
实现长期目标的 战略要点	
中期目标（通常 5 年以上）	
岗位目标	
技术等级目标	
收入目标	
重大成果目标	
中期通道	1. 图示（粗略）： 2. 简要文字说明：
实现中期目标的 战略要点	

短期目标（通常1—5年）	
岗位目标	
技术等级目标	
收入目标	
重大成果目标	
短期通道	1. 图示（粗略）： 2. 简要文字说明：
短期计划细节	1. 短期要完成的主要任务、时间： 2. 有利条件： 3. 主要障碍及其对策： 4. 可能出现的意外和应急措施： （可以选用SWOT优劣势分析等工具；年度目标及年度计划的细节通常另行安排，以保持职业生涯计划的相对稳定性和可保存性）

2.2 技术创新我的实践

J. A. 熊彼特（J. A. Schumpeter）在其 1912 年出版的《经济发展理论》一书中第一次提出了创新理论，并因此闻名于整个经济学界。

在熊彼特看来，创新是指企业家对生产要素的新组合，即把一种从来没有的生产要素和生产条件的新组合引入生产体系之中。因而，创新是一个经济范畴而不是一个技术范畴，它并非是指技术上的发明创造，而是指将已发明创造的科学技术引入企业生产经营管理过程当中，从而形成企业新的生产优势和能力。

熊彼特认为，创新包括五个方面的内容：引进一种新产品或提供一种产品的新质量；采用一种新技术、新的生产方法；开辟一个新市场；获得一种原材料新的供给来源；实行一种新的组织形式。

1950 年熊彼特教授去世后，西方经济学家戴维、卡曼、施瓦茨、戴维斯、诺斯继承了他的创新理论，并对其进行了进一步的发展和完善，最终形成了当代西方创新经济学。

对于我们身在竞争激烈职场的探索者来说，超越自己的岗位职责，进行技术创新和管理创新，无疑势在必行。

技术创新（Technical Innovation），是指组织为了提高市场占有率和利润率，而在生产要素、产品工艺、产品特性等方面进行改进与创造的过程。

1. 技术创新的贡献

技术创新的贡献主要有降低生产成本与形成产品特色两个方面。

（1）降低生产成本。通过技术创新，一方面可以采用成本低廉的新材料，从原材料方面减少了组织生产成本；另一方面可以采用新的工艺流程在生产过程中降低组织的生产成本；此外，在物质生产条件方面的创新可以减少劳动强度，提高劳动生产率，从而间接地降低劳动成本。

（2）形成产品特色。通过技术创新，首先，可以增加产品的用途，使得产品使用更加便捷；其次，技术创新可以完善产品的功能；再次，技术创新可以使产品的质量得到保证；最后，技术创新可以使产品材质和外观更加具有吸引力。

综合来讲，技术创新，一方面通过降低成本提升产品价格竞争优势；另一方面通过增加用途、完善功能、改进质量、突出特色，提高了产品的综合竞争力。

2. 技术创新的内容

技术创新的内容包括要素创新、产品创新、要素组合方式的创新三个方面。

（1）要素创新。要素创新主要包括材料创新和手段创新。

① 材料创新。材料是生产产品的物质基础，由于现在工业生产运用的材料大多是由自然提供的，随着资源的枯竭、生态环境的恶化，国家为了创建环境友好型社会采取了更多的举措。可见，材料创新的意义特别重大，材料创新迟早会带来整体技术水平的提高。

② 手段创新。主要是指物质手段的改造与更新。物质手段的改造与更新主要包括两方面的内容。一方面，是将先进的科学成果用于改造和革新原有的设备，提高性能，延长使用寿命；另一方面，用更先进、更经济的手段，取代陈旧落后的机器设备，以使组织的生产效率得到提高。

（2）产品创新。产品是组织生产成果的表现形式，产品的市场占有率和销售量一般决定着组织的成败。产品创新主要包括新产品开发和老产品改造两个方面。

① 新产品开发。是指运用新的原理、技术、方法开发出一种适合市场现在或将来需求的全新产品。

② 老产品改造。是指在原有的基础上，运用新技术、新方法、新工具，在其规格、款式、性能等方面进行改造，使其更加适合市场需求，更好地满足消费者的需要。

（3）要素组合方式的创新。是指利用一定的方式将不同的生产要素加以组合。包括生产工艺创新与生产过程的时空组织两个方面。

① 生产工艺创新。包括生产工艺的改造和操作方法的改进。一方面，可以在设备创新的基础上改变产品制造工艺、过程和具体方法。另一方面，可以在不改变现有设备的情况下，改变操作方法或流程，调整工艺顺序或配方等，使得生产过程更加合理。

② 生产过程的时空组织。包括场地、机械设备、工艺装备、耗材、在制品的布局，以及劳动在空间上的布置和时间上的组合。各生产要素在不同时空下的组合，对在制品、设备、工艺装备的利用率及生产成本的控制、周期的控制等方面有不同的影响。组织要不断研究合理的空间布置方式，使得生产要素的利用更加合理，生产效率提高、成本降低。

3. 技术创新的战略

技术创新战略是一系列选择的结果，一般涉及创新基础的选择、创新对象的选择、创新水平的选择、创新方式的选择等。

（1）创新基础的选择。创新基础的选择，需要解决的问题是组织在何种层次上创新，以及是利用现有的知识，对目前的生产工艺、作业方法、产品结构进行创新，还是研究新的知识为新产品开发提供理论基础？前者涉及应用研究，后者涉及理论研究。

① 理论上的创新。需要组织中的有关科研人员持久地钻研，结果是可能带来成果，也可能一无所得。选择此种战略风险比较大，而且要求组织有长期提供资金和人力支持的实力。

② 应用性的研究。组织利用现有的知识储备和专利技术开发新产品或新工艺，时间比较短、风险比较小，投资相对基础研究较少，相应地对组织的竞争优势的贡献程度也较小。

（2）创新对象的选择。组织可供选择的创新对象包括产品、工艺、生产手段三个领域。

① 产品创新。可以为消费者带来新的产品性能、感受体验等，而且可以降低产品的成本。所以，不仅给组织带来的是特色的形成，可能还有成本的优势。

② 工艺创新。可以为产品质量的提升提供更加可靠的保证，增强组织的核心竞争力。产品与工艺的创新主要是由组织完成的，外部一般很难替代。

③生产手段创新。一方面，可以借助外部的厂家完成，比如外部机器设备提供商；另一方面，可以由组织内部进行。

（3）创新水平的选择。创新水平的选择是在行业内相对于其他组织而言的，需要解决的是在组织内部技术创新时，是采取"先发制人"的策略还是"后发制人"的策略。

①"先发制人"策略。先发制人的组织可以占据有利的市场地位，打通最有利的销售渠道，获得有利的要素来源和高额的垄断利润。但是，实施先发制人策略，也要求组织付出高额的市场推广费用，并且在需求和技术方面存在不确定性。

②"后发制人"策略。后发制人可以分享开拓者耗费大量资费开拓的市场份额，并根据相对稳定的需求进行投资，在前者技术创新的基础上进行技术完善，使之更加符合市场需求。但同时，也面临市场占有率低，市场渠道、生产要素获取困难，以及技术壁垒等问题。

（4）创新方式的选择。创新方式的选择包括独立开发与联合开发两个方面。

①独立开发。独立开发要求组织拥有数量众多、实力雄厚的技术人员，还要求组织能够调动足够的资金。若能获得成功，组织可在一定时期内获得垄断利润。

②联合开发。可以与外部研究所、高新技术组织或同行组织等合作伙伴一起，集中更多、更优质的资源进行更为基础性的创新研究，同时也共同承担风险，共同分享利益。

2.3 管理创新三个维度

管理创新（Management Innovation），是指对组织管理思想、理论、方法、工具、模式的创新。个人的管理创新，是个人面对组织、技术和市场的变化，针对自己完成工作任务的理念、原则、思维、技法和过程所做出的相应改进、调整和优化。

向管理要效益，不创新怎么要？降低成本、多拿单子，当然这是必需的。但是，我们还需要掌握管理原则的创新、管理思维的创新、管理技法的创新。

1. 管理原则的创新

管理创新原则主要包括实际性原则、综合性原则、补充性原则三个方面。

（1）实际性原则。要求管理创新从组织的经营实际出发，即从组织的性质、组织结构、生产特点、行业要求等方面进行考虑，不能照搬其他国家或组织管理的方式方法。

（2）综合性原则。可以借鉴其他国家或组织的优秀管理方式方法，结合组织的管理实际进行管理创新，使新产生的管理方式方法符合组织的发展路径。

（3）补充性原则。在组织原有的管理方式方法基础之上，根据国家政策，经济、法律、科技、社会等方面环境的变化，对原有的管理方式方法进行补充和完善，使之符合组织当前的发展状况。

2. 管理思维的创新

管理创新思维主要包括逆向思维、发散思维、收敛思维、联想式思维、幻想式思维五个方面。

（1）逆向思维。是指对司空见惯的事物或根深蒂固的观点反向思考的一种思维方式。也就是说，敢于反其道而思之，从问题的对立面进行探索，树立新的管理思想。

（2）发散思维。是指充分发挥想象力，基于一个点向四面八方发散思考，通过对管理知识、思想的延伸，找出更多的解决方法或方案。

（3）收敛思维。是指从不同的方向和不同的角度看待事物，将思维集中在一个点上，以达到一针见血、一步到位解决问题的目的。这种思维方式与发散思维正好相反。

（4）联想式思维。是指将所观察到的某种现象与自己所要研究的管理对象联系起来整合思考，从而获得新设想、新解决方案的思维形式。

（5）幻想式思维。是指在当前管理理论和组织资源支持下，对一般情况下不可能成立的某些事实或结论进行假想或假设，从而获取新的认知的思维方式。

3. 管理技法的创新

管理创新技法主要包括识别法、设问法、类比法等。

（1）识别法。对组织在经营运作过程中的管理方法的有效性进行识别与分析，使效率较高的管理方法继续发挥其优势，对于有问题或无效的管理方法，找出原因并进行改进或改造。

（2）设问法。是指基于组织经营运作的实际，对于管理方法改变的方面进行假设与发问，并有针对性地回答，把肯定的答案留下，否定的答案排除，并对肯定答案进行综合整理和分析，进而得出新的管理思想。

（3）类比法。是指把组织与其他类似的组织进行对比，考察其他组织管理方法的优劣，并对适合于自身的管理方法进行借鉴。

同时，创新、真正的创新，还要注意不走寻常路，时常自我激励并激发团队小伙伴产生新点子。管理创新过程有寻找机会、提出构想、迅速行动、坚持不懈四个重要阶段。

★ 寻找机会。创新活动是从发现事物旧规则的不协调开始的，因为那些不和谐为创新提供了契机。旧规则中的问题既可能存在于系统内部，也可产生于对系统有影响的外部。

★ 提出构想。即观察到不协调现象以后，采用头脑风暴、德尔菲法、畅谈会等方式提出多种解决问题、消除不协调、使系统在更高层次实现平衡的创新构想。

★ 迅速行动。创新成功的秘诀在于迅速行动。创新的构思只有在实践中反复迭代才能逐渐完善，组织只有迅速行动才能有效地利用"不协调"提供的机会。

★ 坚持不懈。构想经过尝试才能成熟，而尝试是有风险的，是可能失败的。创新的过程是不断尝试、不断失败、不断提高的过程。

测试点评：绩优员工的十优矩阵

绩优员工的十优卓越职业素质矩阵，超越你的岗位职责，锻造你的卓越职业素质，如表 2-3 所示，请一一对照，你之前复盘过吗？哪些你做到了？哪些没有做到？今后你计划把哪个或者哪几个做到更好？

表 2-3　十优卓越职业素质矩阵

卓越职业素质	对照标准	卓越职业素质	对照标准
唯有敬业，才能成就事业	人不可以做无业游民 干一行就要爱一行 寻找比薪水更重要的 你是在给自己打工 吃得苦中苦，方为人上人 敬业是职场的通行证 敬业是财富的源泉 敬业是实现自我的阶梯	忠诚是员工的立身之本	要能力，更要忠诚 忠诚赢得信任 有了认同，才会紧紧跟随 要和领导同舟共济 一针一线，当思来之不易 管住你的嘴 维护公司形象是员工的天职 跳来跳去就没了未来
对工作负责就是对自己负责	工作就意味着责任 站好自己的岗，做好自己的事 挑起那副担子 承诺了就一定要做到最好 细节彰显责任 责任无处不在，请再多做一点儿 为领导排忧解难 真正的负责是对结果负责 提高自己负责的能力	今天学会服从，明天成就事业	没有规矩，不成方圆 服从是执行的第一步 用找借口的时间去找方法 把公司制度摆在第一位 百分之百执行领导的命令 永远不要对顾客说不 先接受，再沟通 意见不统一时少数要服从多数

续表

卓越职业素质	对照标准	卓越职业素质	对照标准
执行要成功,一定讲方法	付出不亚于任何人的努力 让思想走在行动前面 一次只做一件事 先挑最重要的事去做 差距在于细节 天下无难事,只怕有心人 成功需要慢慢积累 奇迹诞生于追求完美的心	同事相处,贵在和谐互助	成功离不开团队意识 以真诚换真诚,以信任换信任 助人为快乐之本 分享是一种人生的境界 识得大体,懂得牺牲 烫手山芋没人接,我接 功不独居,过不推诿 给人面子,就是给自己路子 君子记恩不记仇
成功偏爱勤奋之人	勤劳就是财富 笨鸟先飞早入林 不要养成拖拉的习惯 勤学苦练,方能掌握绝活 领导面前,做一个勤快人 正确的方法 + 勤奋 = 成功 一张一弛,文武之道 假勤奋骗的是别人,毁的是自己 读不在三更五鼓,功只怕一曝十寒	主动精神是工作最好的导师	主动才有收获 被动做还是主动做未来不一样 老板不在的时候要更加努力 抛弃拿多少干多少的傻念头 像老板一样去思考 主动做好领导心里想的事 要主动,才能有机遇 主动负责,别把麻烦传给别人
专注会带给你一生的成功	一生只做一件事 每个阶段,只设定一个目标 专心经营好你的强项 成为你所在领域的专家 用心做好至关重要的20% 排除他人干扰,学会说不 像求生一样去求胜 全神贯注才可以做得更好 专心去做,就没有解决不了的难题	努力学习,为了更美好的明天	今天不学习,明天就要被淘汰 活在职场,学习力 = 竞争力 学习是一辈子的事情 想清楚你应该学习什么 尽信书则不如无书,要思考 实践是更重要的学习 三人行,则必有我师 比学知识更重要的是学做人 学习是手段,创新是目的

第 3 章

修炼自我：锻造卓越职业素质

奥斯特洛夫斯基说过："人的一生可能燃烧也可能腐朽，我不能腐朽，我愿意燃烧起来。"你愿意燃烧自己、修炼自我吗？我愿意！因为，人生就是一场自己与自己的博弈。我们要做的，不外乎就是让积极击败气馁、放弃，让快乐击败忧虑、焦躁，让勤奋击败懈怠、散漫，让坚强击败胆怯、懦弱。

再远的路，走着走着也就近了；再高的山，爬着爬着也就上去了；再难的事，做着做着也就顺了。每次重复的能量，不是数据的增加，而是积累指数级增长。水滴石穿不是水的力量，星火燎原不是火的力量，而是重复和坚持的力量。卓越职业素质的锻造就是一种自我修炼。修炼自我，体现的就是这种职场精英的工匠精神。

打工者急躁、忧虑、惊恐，就算拥有再多的家当也没有安全感，永远为看不清的明天奔波，外表剽悍实则内心空虚。

工匠平静、充实、喜悦、快乐、幸福，代表着一个时代的气度，千锤百炼、精益求精。

工匠不一定都能成为职场精英，但被需要、被尊重的成功人士身上都有这种超越自我、重复和坚持、精益求精的工匠精神。

3.1 马伏枥趋道，士素养重国

"马不伏枥，不可以趋道；士不素养，不可以重国"出自《汉书·李寻传》。"伏枥"指"很好地喂养"，"趋道"指"奔驰在路上"。这句话的意思就是，马匹没有得到足够的养分，是没有力气在路上奔腾的；人没有足够的能力，是没办法使国家强盛的，常比喻国家对官吏要加强日常培养。由于此语涉及对官吏的培养与要求的问题，所以李寻在与汉哀帝对话时就用了这两句话，强调官吏平日要加强自身的修养。

官场如此，职场亦是如此。职业素质第一位的就是要具备大国工匠精神。

中国商用飞机上海飞机制造有限公司高级技师、数控机加车间钳工组组长胡双钱说过，经济学原理告诉我们，无论技术发展到什么水平，都离不开人这一最核心的生产要素。即便是制造工艺水平非常发达的波音公司和空客公司，也都需要靠一些技能水平相当高的人员从事这些手工劳动。

同时，高凤林（中国航天科技集团公司一院首都航天机械公司高凤林班组组长）也认为，机器是人能力的延伸，只能按照程序重复运作，但人能够不断实现改造和创新，这是机器永远无法替代的。他认为，"科学家脑中产生想法，工程师图纸施工实现工程化，工匠制造出产品"，三者缺一不可。

工业和信息化部工业文化发展中心主任罗民指出，企业过度追求"投资少、周期短、见效快"的短期利益，从而忽略了产品的品质。工厂老板等不及工程师设计蓝图的完善，社会也等不得工厂匠艺精神的精雕细琢。这意味着，工匠精神所需要的痴迷，不再能得到回报，也就摧毁了工匠精神所必须经历的煎熬。罗民认为："一个拥有工匠精神、推崇工匠精神的国家和民族，必然会少一些浮躁，多一些纯粹；少一些投机取巧，多一些脚踏实地；少一些急功近利，多一些专注持久；少一些粗制滥造，多一些优品精品。"

工匠精神，是美国家族企业历经百年而不倒的诀窍，是瑞士品牌耸峙世界之巅的利器。

大国工匠精神的再起，是中华文化精神的复兴。工匠精神是中华民族文化精神的重要支柱，是一种专注执着、坚定踏实、反复雕琢、精益求精的气质。

工匠精神所涵括的师道精神，创业、创新、创造精神和实践精神，依然是我们职场精英的重要思想资源和强大进步动力，更是一种生命态度。

大咖案例：他们是坚强的"小强"

以舍为有，则不贪；以忙为乐，则不苦；以勤为富，则不贫；以忍为力，则不惧！人生的路，靠自己一步一步去走，真正能保护你的，是你自己的文化积淀和职业选择。那么，反过来，真正能伤害你的，还是你自己的选择。本案例中的两位"小强"也是真正的工匠。

第一只"小强"：大学实训教师王佐

北京电子科技职业学院2009级机电技术二班的王佐，毕业后就职于清华大学基础工业训练中心，担任一名实训指导教师。职业院校毕业，名牌大学就业、获奖，王佐是名副其实的职场大咖。

1. 职业素养提升，准备好了

在校期间，王佐被选入数控技能大赛的集训队，先后获得北京市机电比赛的一等奖、全国数控技能大赛的二等奖。整个参训和比赛的过程，锻炼了他的团队意识。以团队形式参与的比赛，一个人强，不代表所在团队就强。所以，建立良好的团队关系并有团队意识，那才是取得最后胜利的法宝。

训练期间，时不时有领导到校工厂参观，王佐印象最深刻的就是北京市副市长的鼓励。当时他正在操作激光切割机，由于是新设备，而且很贵，王佐操作得很娴熟但也很谨慎。副市长询问了他将来的工作去向问题，还对他的想法和规划进行了鼓励，并对现场的北京市人力资源和社会保障局的办公室主任讲道："像这种职业型人才，你们一定要加大重视程度。"

所以，职业院校的学生，非"985""211"，上学时好好学，利用学校的优质资源不断锻炼自己的实践能力，增长本领，每个人必定会有个好的出路。

我的工厂、我的车间、我来 "5S" 整理＋整顿＋清扫＋清洁＋素养

因为，进入职场站在同一起跑线上，出身也就没有那么重要了。

2. 第一份正式工作，真胜任了

王佐未曾想到，自己能走上这个职业道路，成为一所知名高校的教师。

王佐的第一份工作是在北京吉利大学担任实习指导教师，从实习到转正都是在那里度过的。虽然没有教学经验，但是王佐虚心求教、不断钻研。实习期间，他被安排参与部分教学，当时他心里也很紧张，该讲些什么？该怎么去讲？如何才能给学生讲明白？最终，经过师傅的帮助，再加上他对课程反复打磨，为期两周的课程顺利结束，并得到了学生们的高度评价。

半年的实习期后，王佐顺利地与北京吉利大学签订了劳动合同，他成了大学的一名员工。他坚信，没有翻不过去的山，只要自己努力去学，一遍一遍反复练习，别人能行的自己也肯定能行。教学期间，他本着师傅的教育理念"尽他所能，授他所有"，把他自己知道的毫无保留地教给了学生们。

3. 第二份工作机会，有业绩了

王佐的师傅经常说："机会是留给有准备的人的。"这句话也在王佐身上应验了。在实习指导教师岗位工作三年后的一天，有个到清华大学工作的机会摆在了他的面前。王佐设备操作基础扎实，实训教学经验丰富，新型设备上手很快，面试非常成功，他如愿以偿获得了这份工作，跳槽成功的王佐，有欣喜，但也有压力。

工厂的设备、我的技术、学徒们操作娴熟 & 兢兢业业

从此，他所面对的不再是职业学校的学生了，而是知名高校的本科生，教学思路、教学方法该怎样转变呢？王佐开始了新的思考和新的征程。

在清华的工作任务很饱和，学习内容也很充实。在原有技能的基础之上，王佐又学到了其他新技术，比如，三坐标测量、3D打印机、激光内雕机的操作等。王佐还参与了新实验课程项目"三坐标测量机的操作"这一单元的开发，并承担国家级视频资源共享课程的建设与讲授。

"教师"这个曾经想都不敢想的职业，现在的王佐越来越热爱，将来他还会继续在教师这个职业生涯道路上深耕。

第二只"小强"：王佐的学生——陈莹

就在那一年新年刚刚到来的时候，王佐接到母校2004届毕业生陈莹同学的信息，由于表现突出，陈莹被评为"中航工业技术能手"。真是一个特别的新年礼物呀，王佐看着证书，深深感觉到，他的学生长大了，他的付出开始得到回报了……

报道陈莹事迹的那一张6月10日的《中国航空报》，王佐一直精心保留着。报道的标题是"一专多能的新一代数控工人——记中航工业长空机械高级技师陈莹"。

文章写道："中航工业长空机械25岁的小伙子陈莹，每周四晚上和周日都要去北京化工大学学习自动化控制技术，参加工作4年，他也坚持学习了4年。虽然还面带青涩，但他早已是北京市工业高级技术能手、长空机械最年轻的高级技师。"

陈莹是长空机械一人多机、一专多能的榜样。

拥有多项加工技能的陈莹是同事眼中的"救火员"。

由于出色的加工技术，陈莹成了长空机械一车间的班组长。

这个年轻的小伙子在快乐中工作，在快乐中生活，在快乐中一步一步成长。

看着《中国航空报》的报道，读着这么热情洋溢的赞美之词，王佐觉着很自豪，为母校自豪，为他的学生自豪。

他们是坚强的"小强"，他们也是踩不死的"杉菜"，优秀的他们还带出更多优秀的学生，他们和很多职场大咖一样都是我们职场生涯的航向标。

3.2 打破自我心理防御

一个人在职场到底能够走多远、走多高？真的，心有多大舞台就有多大，就看你能不能战胜自己。

所有的成功，与征服自己比起来，都渺乎小哉；所有的失败，与失去自我比起来，更微不足道。人生最大的敌人是自己，所有胜利的第一个条件，就是要战胜自己。自己击败自己是最可悲的失败，自己战胜自己是最难能可贵的胜利。悲观消沉的人，先被自己打败，然后才会被严酷的职场打败；乐观的人，先突破自己，然后才会赢得所有竞争。

所以说，打败别人之前，首先打破自己的心理防御机制才是最重要的。

心理防御机制（Psychological Defense Mechanism），是指个体面临波折或抵触的急迫情境时，在其内部心理活动中具有的自愿或不自愿地解脱烦扰、减轻不安，以恢复心理平衡与稳定的一种适应性倾向。当自我觉察到来自另一个本我的冲击时，就会以预期的方式体验到一定的焦灼，并尝试用一定的策略去阻截它，这个过程就是防御，或称为自我防御。

常见的心理防御机制有以下八种。

（1）否认。指的是一种拒绝承认现实的某些方面，否定存在或已发生的事实，借以减轻焦虑和痛苦的心理防御机制。不愿意接受较坏的后果，也改变不了既定的事实，不如坦然接受，把损失降到最小。职场是竞争的所在，你不自救没人救你。

（2）潜抑。指的是把不能被意识所接受的动机、情感和冲动不知不觉地抑制到潜意识中去的一种心理防卫术。如果潜抑时间过长会变成压抑，所以，还是进行自我沟通，尽快想办法解决为好。

（3）投射。指的是一个人把自己的过错归因于他人，或者将自己心里那些不能为社会规范或自我良知所接受的感觉、夙愿、念想等放到别人身上，以自我隐瞒或掩饰自己，逃避或减轻内心的焦灼与苦痛。其实，这是小孩子的想法，必须摒弃。

（4）反向作用。这是一种与本旨相反的心理防卫术，它是人们处理一些不能被接受的夙愿与抵触时所采用的防守手段。除非你要欲擒先纵、欲取故予、诱敌深入，否则还是坦诚沟通为好，只不过要学着遵循"开场白七大禁忌"（下面会介绍），千万别中招。

（5）转移。指的是把自己对某一对象的感情，诸如爱慕、憎恨、愤怒等，因某种原因无法向对方直接宣泄，而转移到其他较安全或较为大家所接受的对象身上，这就像小孩子向父母撒娇或者"窝里横"。所以，在家里，永远不要欺负对你最亲的人；在职场，永远不要忽略那些帮助你而不求回报的贵人。

（6）抵消。指的是一个人以象征性的肢体动作、语言、行为，来抵消已经发生了的不愉快的事情，以弥补其心理上的不舒服的一种心理防卫术。在智慧职场，这看起来会很幼稚、情绪不稳定，或者给他人留下不好交往的印象。

（7）合理化。指的是个人遭遇波折或无法达到所要追求的目标，以及行为表现不符合社会规范时，用有利于自己的理由来为自己辩解，将面临的窘迫境况加以粉饰，以隐藏自己的真实动机或愿望，从而为自己解脱的一种做法。这会被他人从"旁观者清"的角度很快识破，从而失去对你的信任。

（8）升华。指的是一个人将被抑制的不符合社会要求的本能欲望导向人们所接受、为社会所推崇的活动上面来。如果你能自圆其说，如果你能从长远发展的角度考虑问题，如果你能从共生共赢的视角出发，如果你能够得到一部分人的认可，这真的是大好事。

3.3
开场白七大禁忌别中招

不同的国家、不同的文化背景，甚至不同的行业、不同的企业都会遵从不同的社交禁忌。比如，职场规则、当地风俗、文化差异、敏感话题等。尤其是当你认识了新朋友，也许你不经意间的一个话题会让对方不舒服，而你却浑然不觉。

职场社交有一些共通的注意事项，可以帮你避免尴尬、误会，或者助你拿下订单，或者交到一辈子的生意伙伴。智慧职场社交开场白七大禁忌，如图 3-1 所示。

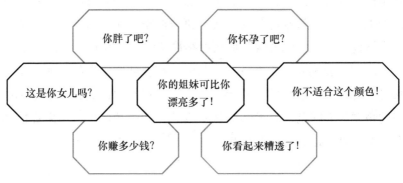

图 3-1　智慧职场社交开场白七大禁忌

禁忌一：你胖了吧？

职场交往中，即使是长时间未见面对方真的胖了，也不要对他/她尤其是他/她的体重做任何评价，除非你真的想表现无礼。体重和胖瘦是一个敏感的话题，在有的国家，"你看起来胖了"甚至是一句非常侮辱人的话。

禁忌二：你怀孕了吧？

除非真的看起来特别明显，否则你最好还是别这么说，即使在公交车上让座时。如果事实并非如此，你这句话就跟禁忌一是一个效果。况且，近年来都市白领普遍结婚晚，还有丁克家庭，因此"怀孕"是一个敏感话题。

禁忌三：这是你女儿吗?

不要看到年龄悬殊的男女在一起就按常理推测为父女，如果不幸她是他的女友呢? 天啊! 接下来该如何收场? 所以，一定要避免随意地猜测，不妨等着对方来介绍，或者首先主动介绍一下自己。

禁忌四：你的姐妹可比你漂亮多了!

在某些文化里，这句话并没有什么不妥，但是很可能会伤害对方。最稳妥的做法是不要去比较，只用说他们的姐妹也很漂亮就好了。

禁忌五：你不适合这个颜色!

对他人外表的负面评价也许会让对方一晚上都心情不好，尤其是当他们费了很多心思打扮自己的时候。这时并不是让你说假话，你可以赞美他/她的配饰或者单品就可以了。

禁忌六：你赚多少钱?

这个话题太私人了，很不礼貌，会让别人很尴尬。所以说，一般职场智慧中都会有这么一条，切记不要谈论薪水。

禁忌七：你看起来糟透了!

"你看起来糟透了!""你今天状态好像不太好啊!"如果刚见面，就这么直接地说出来，其实是对别人的冒犯。如果对方真的看起来不舒服，你可以真诚地关心："你怎么了，哪儿不舒服吗?""有什么需要我帮忙的吗?"

3.4
图表让沟通简单、高效

德国西门子公司驻华公司总经理曾说："我们德国人很懒的，我们做事情喜欢简单，例如计划，我们往往把几张纸要说的内容浓缩到一张纸上，把一张纸的内容再变成几段话，然后继续把这几段话简单化成一段纲要性的话。最后，只要能简明扼要地表述出我们想要的意思就可以了，没有必要用任何多余的东西。"

绘制一个图表，可以让我们的工作化繁为简。图表很方便组织信息，而且表达清晰，使沟通更有效，便于迅速传达信息。制作和使用图表的黄金定律：越简单越好！图表应该是省掉一千句话，而不是把一句话掰成八瓣或用一千句话去解释。

图表设计要做到扼要精练。沙塔洛夫"纲要信号"图表的制作要求是：符号要力求简明，越是简明，作用越大，人们用于掌握知识的时间越少，信息传递的效果越好。

1. 制作并简化图表，找出其中的关键点

用最少的元素表达最多的信息是图表最终追求的效果。要想达到这种效果，首先就需要对信息进行筛选或者重新编辑加工。

使用图表，很多人都有误区，那就是把尽量多的信息放到图表中，这样的图表看似信息很多，但是因为使用了一系列无关和难以理解的信息，反而使得其价值大大降低。

为了做好图表，前期的准备工作肯定是需要采集大量的原始数据和信息，

但是这些没有经过加工的原始信息是杂乱无章的，是没有多大意义和价值的。必须通过自己的思考，把这些信息进行整合，提炼出有价值的东西，才会达到更好的效果。

实际中我们设计图表时总是想给受众传递更多的信息，设计者认为自己的制作完美无缺，详细地传递了信息的每一个细节。但是由于受众观看演示受时间限制，过多的文字和信息在他们的大脑中会造成混乱，反而无法把握信息的关键点，从而逐渐丧失聆听和观看的兴趣。如果图表需要演示，应该对内容进行简化处理，删除一些没有必要的信息。

因为影响公司发展的因素太多，图 3-2 中引入了 3C 模型。按照 3C 模型分析找出了"客户、公司、竞争者"三大核心因素，并把与之相关的信息进行了归类整理，这三大方面已经完全可以把影响公司发展的因素呈现在人们面前。

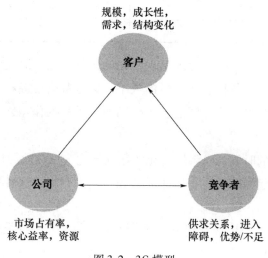

图 3-2　3C 模型

这样不但能够让图表看起来更加简洁，这个数据少的图表更能让人们一目了然地看到信息的关键点。

2. 把表格内容图形化

图表是一种重要的传递语言的形式。人们都是视觉化的动物，可能无法记清长篇累牍的文字，以及它们之间的交叉关系、逻辑和趋势，但是可以很容易地记住一幅图画或者一条曲线。

在工作中多用各种图形、表格来表达和印证你所要表达的观点，可以使文字、数据更加有趣、吸引人、易于阅读和评价。当然，它们也可以帮助我们分析和比较数据，比如：

这是一组 A 公司在 20××~20×× 年的 5 年中的财务数据：

以百万美元为单位，20×× 年净销售额为 390，第二年为 420，第三年为 480，第四年为 515，第五年为 530。

同样是以百万美元为单位，20×× 年公司的收益为 25，第二年增长到 40，第三年为 37，第四年达到一个高峰为 45，第五年的收益只有 27。

这段文字更适合用表格展示，如表 3-1 所示。

表 3-1　A 公司 20××~20×× 年财务数据表　　　单位：百万美元

年　份	20××	第二年	第三年	第四年	第五年
销售额	390	420	480	515	530
收益额	25	40	37	45	27

公司的财务总监要向总经理呈现公司的盈利状况，以便确定未来的发展方向。密密麻麻的财务报表和大量的数字，会浪费决策者和其他相关人员的时间去分析。一张盈利趋势图能够起到四两拨千斤的作用，并且能够让人轻松地记住。

在制作图表的时候可以将绝对化的数据转化为百分比，以 20×× 年的数据作为基数，各年的真实数据转化后得到了新的数据，这种通用的数据更便于比较分析，见图 3-3。

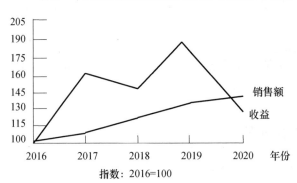

图 3-3　公司五年来的盈利状况

从图 3-3 中一眼就可以看出公司销售额逐年增加，收益却呈现出很大的不确定性。

图表的固有特征就是简洁，图表越简单，表达的力量越深刻；图表越复杂，传达信息的效果就越差。更快更准确地反映要传递的信息，首先要正确使用图表，选对图表才能以最小的空间、最少的文字，更明确地显示信息间的关系，准确表达你的观点，帮助听众直接聚焦重点内容，否则可能引起误解。

选择图表的逻辑顺序是：弄清楚自己想要表达的信息和人们关注的信息点是否一致，找出二者的聚焦点，然后根据信息来确定信息间的关系，进而确定恰当的图表形式。

3. 高效沟通要不得的八种态度

高效的沟通能够成就完美的执行，要想树立高效的执行理念，需要从两个方面出发：一方面是避免不良态度的影响，另一方面是端正执行任务的态度。

高效沟通的态度很重要，要想剔除不良态度对高效执行理念树立的影响，必须要明确梳理出存在哪些不良的工作态度。高效沟通要不得的八种态度，具体如图 3-4 所示。

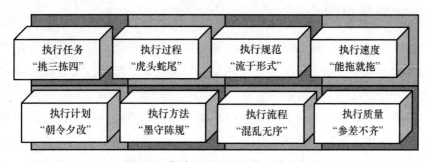

图 3-4　高效沟通要不得的八种态度

3.5
遵守职场规则，远离职场雷区

职场波涛暗涌，一个不小心，你就踩了"雷"，可能连出局都不知道背后的原因。在职场上想要升职加薪，如鱼得水，就必须拥有一个强大的心智。除了业务上足够专业以外，还需要你有高智商、高情商，去应对职场上复杂的人际关系和突发情况。只有这样你才能够把握机遇，平步青云。

职场规则，像大神一般地存在，它洞悉一切，似立下了所有规矩，却又不知所踪，只凭口口相传，无法完全考证。那么，职场上到底有什么规则需要遵循呢？又有哪些雷区不能触碰呢？

1. 遵守职场规则

作为职场精英，我们就应当清楚职场世界里的规则，这是职场生存的前提和基础。职场规则，是从你进入职场，到成就职场精英，实现职业卓越发展的必备技能之一。智慧职场规则八大锦囊，如图 3-5 所示。

规则一：尊敬和服从上司。上司掌握了一定的资源和权力，考虑问题往往是从团队角度出发，很多时候难以兼顾个体。尊重和服从上司的决定是确保团队完成目标的重要条件。如果员工不站在团队的高度去思考问题，只站在自己的角度让上司费心甚至恃才傲物，在职场就很难生存，更谈不上走得好、走得远了。

规则二：与领导及时沟通进度。可能在一定时期内你的工作还没有让别人看到显著成绩，这时不要和你的上司距离太远，要创造条件去沟通，让他知道你的进度、计划和取得的阶段性成果。你这样做了上司不会责备你，他还会利用所掌握的资源给你帮助，让你提前取得业绩。

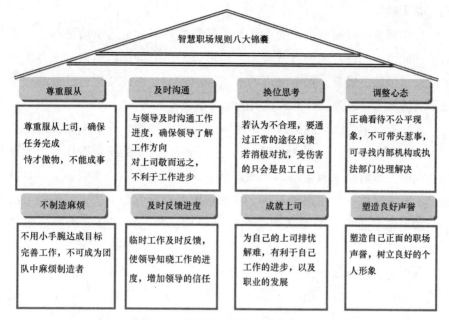

图 3-5　智慧职场规则八大锦囊

　　然而，不少职场新手甚至有的职场前辈最易犯的错误是，越是没有成绩成果时越不愿意去找上司沟通，对上司采取敬而远之的态度。其实，这样的风险是很大的，因为你的业绩低迷上司不满意，对你的工作能力产生了怀疑；这时候，如果没有机会了解你的工作状况和项目进度，那么，他自然而然会认为一直以来你并没有努力工作。时间一长，你就可能被划入被淘汰的黑名单。所以，在每次的淘汰名单中，并不全是业绩最差的人，其中不积极主动与上司沟通的人会占很大比例。

　　规则三：换位思考，以团队利益为重。对于团队依照程序所作出的决策如果认为不合理，要通过正常的途径与方式去反馈，并给上司留出思考的时间，同时要执行决定。团队决策是从大局和整体的角度出发的，团队决策具有权威性和强制力，是保障一个团队正常运转的必备条件。

　　你要先学会换位思考，如果对团队的利益有保障就要服从。如果有不尽完善的地方，要选择正常的程序和方式提出建议、等待回复。如果采取"掣肘"的方式对抗团队的决策，受伤害的只会是自己。

　　规则四：调整心态，对职场中的不合理现象，选择正确的方式处理。切忌煽动同事与团队抗衡，一个制度健全、管理规范的团队都会对领头肇事的人"杀无赦"。

在职场游历时间长了，受点儿委屈甚至遭遇不公平的事情是再正常不过的了，你可以选择合规的方式提出，也可以到工会等部门申诉，或者去执法部门寻求帮助。但是，采取滋事的方式解决问题，往往会把自己推到一个更加不利的地步，因为这种方式是团队绝对不能容忍的。

规则五：不为团队制造麻烦。团队成员性格各异、诉求不同，难免有人用小手腕制造麻烦。一个人的为人和能力在团队成员的长期合作中，大家都会有判断。所谓小手腕就是小聪明，只能让一个人得到短期利益，一旦其他成员了解情况后，他便很难容身。要在组织里长期生存下去，大智慧是必要的。如果你不能为一个团队创造相应的价值，最起码不要成为制造麻烦的因素。

规则六：临时任务及时反馈。有时上司会指派临时性的工作给你，而且这些工作可能还非常"重要 + 紧急"，无论上司有没有要求随时反馈完成进度，你也要主动说明，这可是让上司提升对你信任度的机会。

规则七：成就上司从而成就自己。一项任务使大家组成了工作团队或成立了项目组，可见，共事的人首先是一种合作关系。上司所掌握的资源配置权和领导权，对一个人在职场中的发展起决定性作用。能够快速晋升、持续发展的人无疑都善于和上司合作，他们积极协助上司，帮领导排忧解难。当然，职场存在置换原则，上司也会把更多的锻炼机会提供给他们，把"职场真经"传授给这些人。

规则八：人在先，事在后，注重塑造良好的声誉。从进入工作岗位开始，职场新人就要把打造个人品牌力作为一项重要的事来做。而把事做好是基本的，把人做好更重要，而且是先决条件，也就是做事之前先做人。你在职场上的名誉、信用和品牌会决定你职场的长度和宽度。因为，一个人的人品如何，其他人可以通过与其共事看出来。所以，智慧职场的个人品牌力要像创业项目那样精心经营、用心呵护。

2. 远离职场雷区

职场如战场，身不由己，到处都潜伏着危机。因此，身在职场，要时刻管住自己的眼、耳、口。如果你一不当心触犯了那些职场规则，被淘汰出局就是早晚的事。所以，职场规则就是职场智慧生存的"道""法""术"。那么，你还需要提前防备不触犯哪些呢？职场还有"五不原则"，如图 3-6 所示。

图 3-6　智慧职场"五不原则"

"五不原则"之一：不该看的不看。对于别人介意你看的，以及工作上保密的文件，那就不要想方设法地去看，否则难免会给自己招惹祸端。签了保密协议的在保密期内就必须遵守。

"五不原则"之二：不该说的不说。在公司的同场竞技中，每个人都有可能成为自己的对手，所以不要把个人问题带到工作中，对于老板交代的工作不要急于说"不"，不要打听同事的薪酬福利和奖金，对于个人家庭的绝对秘密更不要在公司内抱怨。同时，不管是有心还是无意，分享快乐是要有自己的小圈子的，不然很有可能招别人嫉妒。

"五不原则"之三：不该做的不做。不少职场人往往喜欢卖弄才干，特别是在自己比别人知道得多的时候，更加想要表现自己。但是千万不要在你的上司面前炫耀，尤其当他还是"孔雀型"领导风格时，要懂得把光环让出来。实际上，你取得的任何成绩都有上司和同事的功劳在里面，只是大家扮演的角色不同而已。

"五不原则"之四：不该听的不听。虽然有人说："要干一行爱一行，三百六十行，行行出状元"，可是如果你在这个行业已经待了长到自己都无法数得清的日子，但是工作仍旧毫无进展，势必应该想想怎样改变了。这时候也许有人会告诉你"要有一个五年计划"，但是互联网时代变化莫测，你的计划能跟得上时代的变迁吗？所以，不要立太长远的计划，计划要短而有效，可以看得到成果。

"五不原则"之五：不该问的不问。作为职场新人，你可能好奇心甚重，但是哪些问题可以问，哪些问题不要问，需要"拎得清"，否则一个小问题可能就让别人心生厌烦。比如：收入、年龄、个人经历、健康、婚姻等涉及个人隐私的问题都不要问。

这些职场规则，你都清楚了？一定要懂得设身处地为他人着想，好了，我不继续追踪了，找个安静的时间结合你经历的职场细细品味一下吧！

大咖案例：杜邦全员安全说

杜邦的产品与安全事故
杜邦是一家主要生产火药的公司，产品的性质导致了厂区随时存在爆炸的危险。1802年到1880年，重大伤亡事故接踵而来，以至于杜邦家族成员也没能逃脱厄运。最大的事故发生在1818年，一起大爆炸夺走了40多名工人的生命，而那时整个杜邦工厂才只有100多人。伊雷内·杜邦除了要筹集资金渡过难关外，还要安顿抚慰工人继续工作，想办法确保生产安全

针对性安全管理措施
第一步，他宣布杜邦家眷立刻搬入厂区居住，以表明和员工同生死、共患难的决心。杜邦家族的人身先士卒，所有新机器和新设备总是他们最先操作。第二步，禁酒。最初伊雷内容忍工人喝酒，可是这次大爆炸的直接原因就是一名工头饮酒过量导致误操作。第三步，制定并颁布严格的安全生产作业规范

安全事故后杜邦公司的承诺
在最高层管理者亲自操作之前，任何员工不允许进入一个新的或者改建工厂。为表明自己的决心，伊雷内在新建厂房时索性把自己的家就建在工厂火药仓库旁边，后面是一条小河与外界相隔。如果发生爆炸，首先炸死的就是伊雷内和他的家人

影响杜邦安全历史的三个决策
刻骨铭心的事故让杜邦体会到，设备和厂房的安全并不能完全杜绝事故。真正的安全，必须有制度和意识保障。(1)建立管理层对安全的责任制度，所有管理者均是安全生产直接责任人。(2)创建公积金制度，为万一发生的事故提供经济补偿。(3)遵循"以人为本"的安全管理理念，让员工真正认识到，安全生产不仅是对他们生产行为的约束和纠正，更是对其真正的关怀与体贴

衡量一个人事业成功的标准，不是看这个人站在巅峰的时候，而是看这个人跌落低谷之后的反弹力。杜邦没有消亡，反而更加强大，归功于一种反弹力，就是在失败的废墟上重建安全文化的反弹力。

安全文化的提出源于西方社会核工业的发展。苏联切尔诺贝利核电站泄漏事故后，安全文化的概念，由国际原子能组织在 1986 年召开的"切尔诺贝利核电站事故后评审会"上首次提出。

国际原子能机构提出安全文化的定义是："存在于单位和个人中的种种特性和态度的总和，它建立了一种超越一切之上的观念，即核电厂的安全问题由于它的重要性要保证得到重视。"国际核设施安全顾问委员会进一步阐述了安全文化的概念："安全文化是决定组织的安全与健康管理承诺、风格和效率的那些个体或组织的价值观、态度、认知、胜任力以及行为模式的产物。"

　　杜邦人的安全文化就是"要死，伊雷内·杜邦和他的家人死，要活，大家一起活。"一个人身在职场奋斗代表的根本就不是他自己。在职场你有团队、同事和下属，在家里你有父母、爱人、孩子、亲戚和朋友。随着年龄增长，你会发现你不只是为自己活的。你的安全文化又是什么？职场安全，你好我好大家好！智慧职场安全导图如图 3-7 所示。

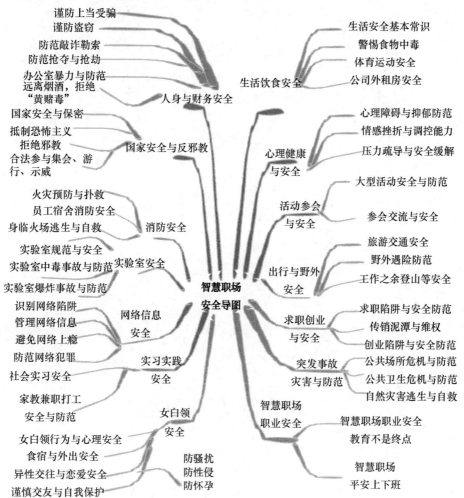

图 3-7　智慧职场安全导图

　　作为未来的职场大咖与管理储备人才，在夯实基础安全的前提下，学习、了解和掌握必备的职业卫生安全知识、职业操作守则和职业道德规范，必将为未来的职业生涯打下良好的基础，为锦绣前程铺就安全大道。付出如细雨润花，未来会在春天慢慢绽放。

第 4 章

团队建设：高绩效微笑曲线

史蒂夫·布赫和托马斯·罗夫说过："并非穿着同样的衬衫就能够形成团队。"可见，团队不是一些人聚在一起工作那么简单，更不是同在一个屋檐下的钩心斗角玩零和游戏。

　　我们认为，团队（Team）是指所有成员聚焦于一个共同的愿景和目标，步调一致、主动并积极地完成任务，同时，成员之间能够很好地分工与协作，注重知识分享、责任承担、相互尊重。这样的一个有机的组成才能称为真正意义上的"团队"。群体高绩效的达到需要一个真正的团队来支撑。

　　一般来讲，从群体发展到真正的团队再到高绩效团队是需要一个过程的，也需要一定的时间来打磨。团队打造的行为曲线，实际上就是一个群体向高绩效团队迈进的过程，具体如图4-1所示。

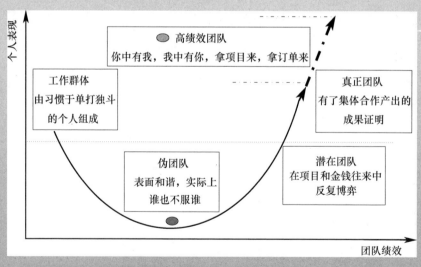

图4-1　高绩效团队打造的微笑曲线

4.1

谈天说地谈古论今话团队

"楚天空阔雁南飞，整整秋来春又归。肠断孤鸿鸣失依，重云片影俦侣稀。"诗人描述了这样一种常见的自然现象：群雁每年南飞过冬，孤雁是无法到达南方的，唯有依靠团队的力量。雁南飞团队如何成功往返？又可以为我们团队的建设提供哪些启示呢？

（1）每年秋季，大雁就从西伯利亚一带成群结队飞往我国南方过冬，第二年春天再回到北方繁衍生息。启示：一个团队应该有一个既定的共同目标，可以为团队的所有成员成功导航。

（2）领头雁多由有经验的老雁担当，当一只领头雁累了，便飞回雁队，由另一只老雁代替它带领雁群继续前进。启示：一个团队成员要有明确的定位与分工，并友好协作；同时，要有优秀的统帅型领导坐镇。

（3）雁群排成"一字"或"人字"队形飞行，队伍中的每只大雁振翅高飞时，也为后面的队友提供了向上的气流，后雁可以利用上升气流滑翔，节省70%的飞行能量，使翅膀得到休息。启示：一个团队要能够发挥每个成员的潜力，将南飞的最终目标落实到每个成员身上，同时要资源共享、形成合力。

（4）当一只大雁生病或受伤时，两只大雁会飞出编队保护它直至康复，然后他们自己组成"V"字形追赶团队。启示：一个团队中要有教练式的主管对绩效不佳的员工进行评价、反馈与辅导。

（5）大雁边飞边叫，相互鼓励。启示：激励能够促进一个团队不断进步，完成一个又一个看似不可能完成的任务。

（6）当一只大雁掉离团队，它会马上感受到独立飞行的阻力，然后迅速回归编队。启示：团结就是力量，懂得融入团队和借助外力的行为才是最省力的、最绩优的，错误的行为需要及时被指出、纠偏。

自然界的生存法则如此，古人建国立业如此，我们想拉一帮人做成一件事亦是如此。

"夫运筹帷幄之中，决胜千里之外，吾不如子房；镇国家，抚百姓，给馈饷，不绝粮道，吾不如萧何；连百万之军，战必胜，攻必取，吾不如韩信。此三者，皆人杰，吾能用之，此吾所以取天下也。"（《史记·高祖本纪》）

汉高祖刘邦这番话发人深省，给我们很多启迪。善于搭建核心团队、运用人才、挖掘潜能是一名优秀管理者和领导者才能的体现，也是做任何事最终取得成功的核心竞争力。

另外，四大名著经典中的人物和团队也很值得我们借鉴。

《西游记》已被众人誉为我国团队建设的经典教科书，这是一个成功的团队，唐僧带着孙悟空、猪八戒、沙和尚、白龙马去西天取经，经过九九八十一难取得了真经、练成了佛；《三国演义》讲述了一个时代政治斗争中叱咤风云的英雄团队；《红楼梦》是一个盘根错节、各怀心思、非常丰满但是很复杂的团队；《水浒传》是一群被阴谋诡计断了后路、逼上梁山的好汉团队，但是结局让人难以接受。

1. 团队要有一个强势的领军人物

领导，是一个团队的核心和灵魂，一个优秀的领导要指挥、引领、鼓励团队为实现目标而努力奋斗。一个领导既要有坚定的信念为整个团队勾勒蓝图，还要能挖掘团队成员潜能、鼓励大家发挥优势、协同作战。

唐僧，看似古板固化，甚至有时会让人感到软弱迂腐，实际上却是一个具有超强驾驭能力的好领导。团队的四名成员都有显赫背景和不凡的过往经历，某些方面的能力也在他之上，想要管好这些人着实不易。然而，唐僧却用他那坚定的信念、明晰的目标、准确的方向带领大家，并用心无旁骛、专注念经的方式抵抗各种诱惑与风险，还让孙悟空这种可以揭竿而起大闹天宫的能人、强人心服口服地成为他忠实的拥护者。

刘备，自称具有没落汉室血统的皇叔，其实是个标准的草根，最终能够与曹操、孙权三分天下，不仅是因为其赢得了关羽、张飞等武将的倾心与爱戴，而且是有运筹帷幄的诸葛亮这样的智者忠诚追随。刘备能够组建这么一个唯其马首是瞻的团队，与他"天下兴亡、匹夫有责"的责任感、重情重义以及高超的用人水平是分不开的。

贾宝玉，是贾母最宠爱的孙子，虽然海棠诗社李纨担任社长，但他才是海棠诗社人际关系的核心。他单纯叛逆，有威望有影响力，他的积极参与和推进无疑成为海棠诗社这个自发组织的牵头人。

宋江，能让天下豪杰集聚梁山、心甘情愿地追随于他，确实是一名管理的高手。领导人的战略决策直接影响整个团队的命运，我们暂且不说他一心想招安是对是错，最后一百零八位出生入死的兄弟非死即伤、惨不忍睹，由此我们也能深深感受到领导人的战略方向和决策的重要性。

2. 团队要有志同道合的目标

唐僧团队，目标是取得真经。所以，一路走来历经九九八十一难，分家散伙、妖魔横行、各种磨难与险境，美女、龙椅、重金各种世人求之不得的诱惑，却未能阻止这个团队前进的脚步。

刘备团队，目标是复兴汉室。所以，虽然在建立蜀国之前他们打了无数次败仗，依然屡败屡战、不忘初心、坚守信念。自古至今，有志之士甘愿为有坚定信念与目标的团队奉献一生。

贾宝玉将一帮从小就能吟诗作对的佼佼者拉到一起，才有了《葬花吟》《桃花行》这些经典的诗词歌赋。但是，海棠诗社，因为人多口杂、良莠不齐、组织松散、缺乏远大的目标和团队意识，热闹几次之后也就散了。

宋江团队，起初是替天行道，以兄弟相称，后续思想认识上难以达成一致，因为信念和目标不够坚定而选择了招安，最终葬送了团队。

3. 团队要有匹配度高的成员

刘备之所以为自己所开创的事业和领导的团队而感到自豪，是因为在这个团体中聚集了一大批与他一样热爱这项事业并甘愿为之付出所有的人。刘备的团队，比起曹操、孙权来讲人才要少很多，但是，最后能够形成三足鼎立的局面，可以说，与五虎上将和诸葛亮几位核心团队成员基于对所做事情的认同而发挥了举足轻重的作用是分不开的。

具体而言，刘备的优势不是武力而是仁义以及"皇叔"这个身份，但是他缺资金、缺人。关羽，擅长的是武力，如温酒斩华雄让他在三国武将群英中堪称翘楚，但他爱面子喜欢表现；张飞，骁勇且家资相对丰厚，但缺少智慧与沉稳；诸葛亮，满腹经纶、运筹帷幄、智慧超群，但武力值为零。

倘若只有刘备和关羽两个人，没有第一笔启动资金，很难成事；倘若只有刘备和张飞两个人，鲁莽、缺乏谋略；倘若只有刘备和诸葛亮两个人，再有智慧，但武力不足，首轮交锋就有可能被敌人斩于马下。所以，刘备团队虽然不是三国时期最优秀的团队，但一定是最优秀的草根团队。

4. 团队不养闲人，要各有所长且优势互补

再拿《西游记》团队来说说事。唐僧，有信仰有方向，但不善分析，辨别真伪的能力很低。孙悟空，技能高超、有勇有谋、敢于担当，但性子急、遇事易冲动、不好管控。猪八戒，馋嘴、贪色、偷懒，但善于处理人际关系。沙僧，虽不能委以重任，但踏实肯干、任劳任怨、执行力强，在一个优秀团队中也不可或缺。这个团队的职责分工与角色定位，如图4-2所示。

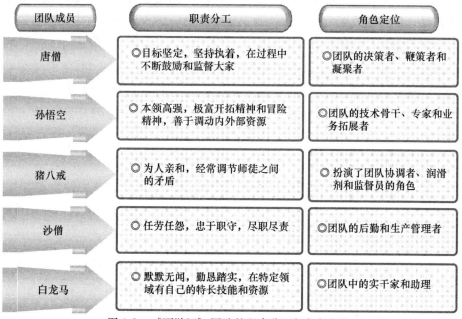

图4-2 《西游记》团队的职责分工与角色定位

古往今来，有目共睹，在专业技术、能力结构、个性特征和个人资源方面互补的成员，组成了较为合理的团队。一个优秀的团队组合，就应该是这

样的：有人提出想法，有人策划执行，有人冲锋陷阵，有人后勤支持；你坐下来能写，我站起来能讲，他/她走出来能谈，团队成员之间互相补台。

"德不配位，必有其灾。"职场生涯中，只要记住三句话便可德行天下、团队和睦、朋友越来越多、道路越走越宽："看人长处，帮人难处，记人好处。"

4.2 / 团队的"皮骨肉血＆魂"

"易者，变易，简易，不易也。"易者不易，易者变易，易者简易，这是《周易》的平衡论思想。简易，即简单的道理，是的，道理都是很简单的；变易，即变化的道理，是的，要具体问题具体分析，活学活用，既要有原则性，又要有灵活性；不易，即不变的道理，是的，万变不离其宗，无论世界如何变，道理不会变，自然规律不会变。同样，团队搭建虽然难，但也是有规律可循的。

一般而言，高绩效团队五个品级的建设，如图 4-3 所示，可以作为模板参考。

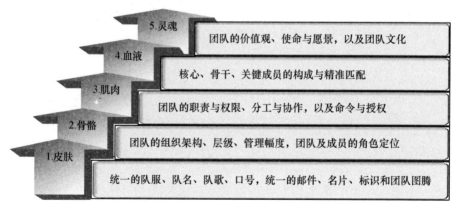

图 4-3　高绩效团队五个品级的建设

（1）高绩效团队的皮肤层，是第一层也是基础层的建设，包括统一的队服、队名、队歌、口号，统一的邮件、名片、标识和团队图腾。这一层可以增强团队整体意识，加强团队统一性，对团队来说更多的是发挥初级的防御功能。

（2）高绩效团队骨骼层的建设，是第二层也是处于磨合期的建设，包括团队的组织架构、层级、管理幅度，团队及成员的角色定位。这一层让团队有了形体与框架，能稳固地支撑和承载团队的使命与愿景。

（3）高绩效团队肌肉层的建设，包括团队的职责与权限、分工与协作，以及命令与授权。这一层能够实现团队成员之间的职责分工明确，既能分别发挥个体能力又能整体协同作战。

（4）高绩效团队血液层的建设，包括核心、骨干、关键成员的构成与精准匹配。血液是一个人的命脉，也是维持团队生命的源泉，这其中，人才的选择与匹配是团队中最为重要的一部分。团队成员之间要互补，有人出谋划策，有人执行落实，有人协调推进，有人精益求精追求完美，有人突破创新……这个团队的血液才是良性流通的。

（5）高绩效团队思想层的建设，包括团队的价值观、使命与愿景，以及团队文化。脑袋决定屁股，思维决定行为，团队的信念使命和最终奋斗愿景，是最高的指令，一切行为都为实现团队的最终目标而服务。

建立一支真正有产出的高绩效团队，必须从灵魂到皮肤、由内而外，从皮肤到灵魂、由表至里，进行全方位、立体化的打造，不能轻视、不能草率，要从点到线再到面，一步一步、反复打磨。

大咖案例：工程师"机动团队"

👉 ×××电信公司的规模在过去20多年大为缩小。公司领导层发现，要满足宽带互联网连接的需求，存在工程师短缺的问题。因此，公司利用一个由9名年近60岁的工程师组成的"机动团队"来解决这一问题，这些工程师根据滚动合约，下午4点到晚上9点轮流上班。

该"机动团队"的目的是应付无法预测的通讯高峰。公司利用将要退休的工程师组建的团队取得了良好的收益，不仅解决了公司工程师人员短缺情况，而且也为工程师晚期的职业生涯提供了工作的机会，是一举两得的事情。

职业生涯管理部经理说，该团队还帮助公司为反年龄歧视立法做准备，立法将使员工有权选择退休的时间。某工程师表示，他们想证明自己不是从年轻员工那里抢饭碗，而且他们按小时拿工资，其工资水平低于加班报酬。

另一位工程师还表示："等到了60岁的法定退休年龄，他们打算在为机动团队工作之余享受骑车兜风等休闲活动，这部分报酬是对养老金的有效补充。"

可见，该公司充分利用将要退休的员工工作具有灵活性这一特点，组成一个机动团队来应付公司随时可能出现的通信高峰等紧急情况。这种临时性的情况需要大量的员工，雇用全日制的员工成本过高，但是如果不雇用，一旦出现临时情况，现有的员工规模又无法应对。

所以，我们组建团队时也可以考虑这些具有丰富经验并且愿意继续发挥余热的退休员工。同时，对于退休的员工而言，此举既可以弥补养老金的不足，也可以适当调节一下闲散的退休生活。智慧职场，双赢的事情要多做，肯定没错。

4.3 选拔 "问听察析判＆评"

在选拔团队候选人或者邀请新成员加入的面谈过程中，问、听、察等测评技巧会直接影响对合作结果的研判。一般来说，面谈的技巧与职场经验的时间积累是高度相关的，每位职场精英所积累与掌握的综合技巧是不完全相同的。

只有选拔出合适的人并放到合适的岗位上，才能与你的团队减少磨合期的时长，才能在你的团队做出有价值的贡献。如果你选拔的团队成员都具备优良的素养，你作为团队的领导才会更轻松一些，而不是每天像哄孩子一样在团队里协调得焦头烂额。那么，职场老前辈、选人高手、面谈分析家们都有哪些好的技巧？下面从"问""听""察""析""判""评"六个方面与各位读者朋友好好分享一下。

"问"的技巧

在面试过程中，对测评者适当适时的提问，可以更加全面地了解被测评者。下面介绍五种"问"的技巧。

1. 提问的顺序

一般来说，对于提问的顺序，基本上应遵循先易后难、先具体后抽象、依事件发生先后顺序的原则，这样做有助于被测评者缓解紧张情绪，清晰明了地回答问题。

2. 问题简明有力

测评人员向被测评者提问时，应注意语速、节奏等方面的细节，如采用连串式的提问方式，应注意语句的停顿、问题的清晰和明了。

3. 提问语气自然亲切

在提问时，尽量使用自然、亲切的语气，以缓解被测评者的紧张情绪，使其充分发挥正常甚至更好的水平。如"请你简单地介绍一下××事件发生时的背景""请问当时参与××事件的成员有多少"。

4. 声东击西获取信息

测评人员若发现被测评者对某一问题欲言又止或者持不想说的态度，则可以尝试着问其他相关问题来实现提问的目的，从而获取想要的信息。

5. 问题有针对性

在面试中提问并不是在所有情况下都适用，提问要注重有效性，其目的是为了获取更多被测评者的信息，或为了查明被测评者提供信息的真实性。下面列举了三种适用提问的情形。

（1）当被测评者描述某行为事件时，用"我们"作为行为事件的主体，为明确被测评者在该事件中的角色、行为、成果，需使用提问面试。

（2）当被测评者描述某行为事件时，为查询该事件的正确性及被测评者在该事件中的作用，需要进行提问，以防被测评者借用他人的外衣来包装自己。

（3）当测评人员在被测评者的回答中所获得的信息不能准确反映其素质状况时需要提问，如观点性的信息、理论性的信息、意愿性的信息等都不能准确地反映被测评者的行为特征和素质水平。

"听"的技巧

通过面试倾听，不仅可以了解到被测评者的表达能力，而且可以捕捉到更多关于被测评者的个人信息及过往经历。

1. 完整准确地接受和理解信息

在面试时测评人员要全神贯注地记录或记忆被测评者的回答，完整准确地接受信息，避免针对某一点信息就对被测评者做出评价。测评人员对收集到的信息正确解码、暗中回顾并整理出重点，这有利于面试中提问环节的正常进行。

2. 端正坐姿，保持安静，适时询问

在面试时测评人员是组织的代表，代表组织的形象，在倾听时端正坐姿，

可以使被测评者有受到尊重的感觉，有利于被测评者正常发挥，并对维护企业形象有重要的作用。

在被测评者回答问题时，测评人员应保持安静，不带任何情绪地倾听，针对被测评者的回答在适当的时机打断谈话来询问问题，以改善对话的质量和效能，而非当场表达自己的看法。另外，在打断被测评者时测评人员要有意识地思考何时打断，何时保持中立。

3. 准确快速区别被测评者的内在素质

做到从言辞、音色、音质、音调和音量等方面区别被测评者的内在素质。被测评者说话的快慢、音量的大小、音色的柔和与否、用词风格等会反映其内在素质，因此应该注意从其言辞、音色、音调等方面区分其内在素质。

"察"的技巧

通过面试观察可以了解候选人的言谈举止、仪表形态甚至一些细节，并据此推断此人的性格特征和做事风格。在使用面试观察技巧时，应当注意以下三个问题。

1. 坚持面试观察的四原则

坚持面试观察的四原则包括目的性、全面性、客观性和典型性。

（1）带着目的观察。目的性是指在测评前要明确面试测评的目的、测评要素、测评标志、测评权重、测评标准等，面试实施的过程中要紧紧围绕面试的目的进行，这有利于测评人员迅速准确地捕捉被测评者的素质特征。

（2）观察全面。全面性是指测评人员应从被测评者的整体言行反应中系统地、完整地测评被测评者的某类素质，它要求测评人员不但要从一般性问题中考察被测评者的素质水平，还要求测评人员创造条件激发被测评者的潜在能力。

（3）观察客观。客观性是指在面试的实施过程中，测评人员本着实事求是的原则，不要带任何主观意志，从被测评者的实际表现进行测评。

（4）观察典型。典型性是指测评人员应捕捉被测评者能够从本质上揭示其素质的行为，以提高测评效度。

2. 避免以貌取人

容貌与人的内在素质没有必然联系，但是在面试时难免会有先入为主的现象，未见面就会想象某人身高多少、体型怎么样、长得帅不帅等外貌特征。任何人见面都是先看清楚对方的相貌后才会问话，在对话中才能够听到声音，鉴于听、问、观在时间上具有滞后性，往往在被测评者未开口时便把其与先前见到的某类人归于一类。因此，以貌取人的现象经常发生。

3. 充分发挥感官的综合效应与直觉效应

面试是集问答、视觉、听觉与大脑分析于一体的，它是各感觉有共鸣同感的综合效应，其中以直觉效应尤为明显，因此测评人员应在获得"有效证据"的支持下，充分发挥直觉的作用。

"析"的技巧

在面试中，需要结合被测评者的履历和面试中的内容对其进行分析，分析时可采用以下方法。

1. 透过现象看其内部素质

在分析被测评者时，应该"透过现象看本质"，在掌握被测试者在面试过程中所展现出的表象的同时，透析其内部的根本属性。

2. 反复比较分析

反复比较分析主要是综合被测评者的履历、面试过程及其在不同阶段的表现进行全面的分析，以识别其真实的理论水平和工作能力。

3. 重点分析法

对被测评者所取得的有代表性的成绩进行重点分析，识别其真实水平和能力。在进行重点分析时，测评人员首先应掌握被测评者所在岗位的胜任素质特征，以做到在分析时能够有的放矢。

"判"的技巧

在面试中，每位被测评者都希望给测评人员留下好的印象，有些被测评者会有说谎的行为，那么如何判断事实与谎言呢？我们可以通过说话的方式及小动作来判断。

通过被测评者的语言可以区分事实与谎言。另外，测评人员还可以通过被测评者的非语言行为区分事实与谎言。应聘者语言和非语言信息的判断其内容如表4-1所示。

表 4-1 应聘者语言和非语言信息的判断

判断角度		具体内容
语言信息	正常的	描述发生过的事情用"我"，而不是"我们"或没有主语 说话很有信心，能够连贯一致地描述事件过程 讲述的内容明显与其他一些已知事实一致
	可疑的	讲述的内容啰唆，重复，很难一针见血 举止或言语明显迟疑 倾向于自我夸大 语言非常流畅，但听起来像背书
非语言信息	目光接触	友好、真诚、自信、果断
	不做目光接触	冷淡、紧张、害怕、说谎、缺乏自信
	摇头	不赞同、不相信、震惊
	打哈欠	厌倦
	摇头	迷惑不解、不相信
	微笑	满意、理解、鼓励
	咬嘴唇	紧张、害怕、焦虑
	踮脚	紧张、不耐烦、自负
	双臂交叉在胸前	生气、不同意、防卫、进攻
	抬一下眉毛	怀疑、吃惊
	眯眼睛	不同意、反感、生气
	鼻孔张大	生气、受挫
	手抖	紧张、焦虑、恐惧
	身体前倾	感兴趣、注意
	懒散地坐在椅子上	厌倦、放松
	坐在椅子边缘上	焦虑、紧张
	摇椅子	厌倦、自以为是、紧张
	驼背坐着	缺乏安全感、消极
	坐得笔直	自信、果断

"评"的技巧

面试经过"问""听""察""析""判"，最后需归结到"评"上来，为提高"评"的效果和效率，可以采取以下方法。

1. 选择适当的标准形式

面试测评的标准一般是由项目、指标和标度共同构成的一个体系。其中，项目规定所测素质的内容、范围、性质等，指标则表示所测素质的形式、特征、标志等，标度则规定所测素质的级别、差异与水平等。在进行面试测评前，测评人员必须制定统一的、科学的标准形式，并将该形式对全体测评人员进行培训，使其在进行评价时有统一的标准。

2. 分项测评与综合测评相结合

面试过程中需要测评的内容与测评人员所接受的信息是比较多的，为了提高评价的准确性需要进行分项测评。但是对象的整体性和行为反应也会展示信息的辐射性，所以，测评人员还应设计一个综合印象评分项目。通过分项测评和综合测评相结合，可以提高面试效果。

3. 纵察横观比较评价

纵察是指在面试过程中，对同一被测评者在前后不同问题上的行为进行观察、比较。横观是指在面试过程中，对不同被测评者在同一项目上的不同行为反应进行比较。通过纵察横观可以使面试中模糊的、难以揭示与把握的素质清晰化。

4.4 四种成功团队的管理模式

构建职业生涯管理新模式或者新组建团队不如借鉴他人团队建设的经验，探索团队组建的新模式不如先看看他人已经实践过的模板，管理团队各色人等痛定思痛不如总结他人的管理模式。我们可以把成功的团队划分为不同的类型，做好界定，再研究其管理模式。四种成功团队的划分与界定，如图4-4所示。

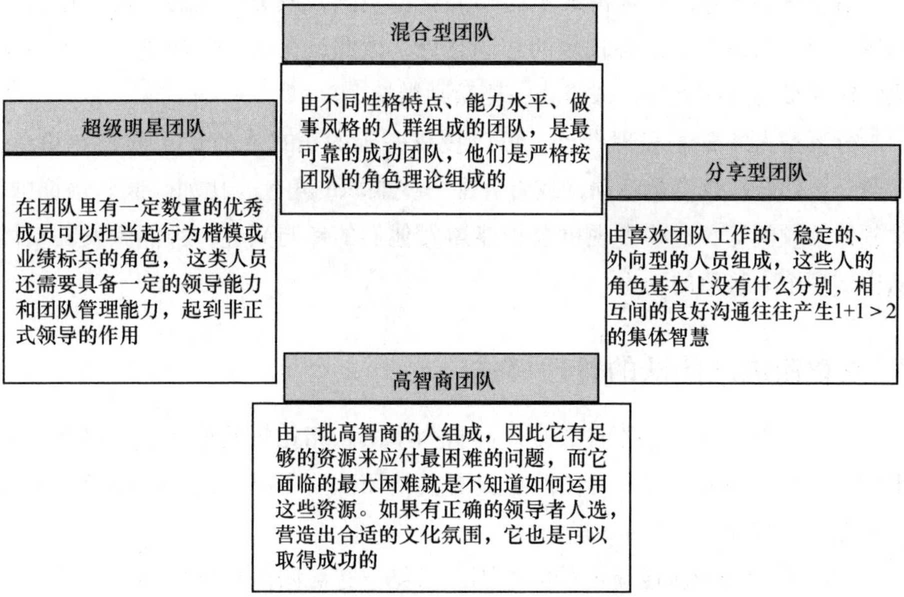

图 4-4　四种成功团队的划分与界定

1. 混合型成功团队的管理模式

（1）混合型团队建设的难题。混合型团队是比较现实的一种团队类型，但混合型团队这一概念不易把握，混合型团队的组建在现实中也存在一定的困难，因为人以群分，人们天生就不愿意组成这种混合型团队。适合混合型团队的人选，往往不会让公司的挑选者满意，不是公司希望的那种"全面"的人才。

（2）混合型团队的量身打造。混合型团队的管理要根据成员存在的差异制定相应的管理措施，量身打造匹配的角色定位，同时，结合合适的激励政策引导，使混合型团队的成员很好地在团队中实现价值。

混合型团队要求把多种属性的人团结在一起，这需要领导者有杰出的领导魄力及高超的人际关系能力，同时也要求成员有良好的团队合作意识，而这些也正是现代企业管理的难点。

2. 分享型成功团队的管理模式

分享型团队的成员因为其性格特点，往往比较容易领导，通过团队内部的知识分享，也能使团队成员才能得以充分发挥。

对分享型人才的管理模式不同于混合型团队，该类团队的人员性格特点比较类似，兴趣爱好也有较多的相同之处，因此，在成员的激励模式上可采取针对成员的这些共性，来设置一些激励措施。

分享型人才善于表现自己，可以授权一定的正式或非正式的领导角色，参与一定的合作性竞争活动，或者分配一些兼职的角色，比如，兼职培训师、某领域的顾问等。这些表现机会较能激发他们的参与兴趣，且能激发其在团队中实现个人价值的动力。

3. 高智商成功团队的管理模式

（1）高智商团队的不良表现。高智商型团队相比较其他类型的团队，有更多的可利用资源，但该类团队也具有其他团队所不具备的严重缺陷，主要表现在三个方面，如图4-5所示。

（2）高智商团队成绩不佳的原因。可见，智商团队往往因内耗严重而使团队的整体智慧极度降低。正所谓，聪明反被聪明误。造成高智商团队成绩不佳的原因，主要是由于传统的教育体制和风俗文化对高智商的人要求过高，使得他们压力过大。高智商的人善于运用批判式思维，经常以自己的高智商为荣，而对反应慢的人没有耐心，单独行动没有问题，在集体中缺点就会被放大。

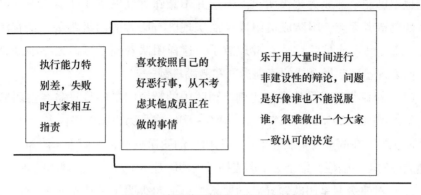

图4-5　高智商团队的三大不良表现

（3）成功高智商团队的特点。尽管高智商团队存在一定的缺陷，但是，他们每个人的智商，为什么不能产生"1＋1＞2"的效果呢？为什么要浪费他们的智商呢？造成这样的结果人人有责。所以，打造成功的高智商团队也人人有责，尤其是高智商团队的领导。成功的高智商团队选择成员时要注意四点，如图4-6所示。

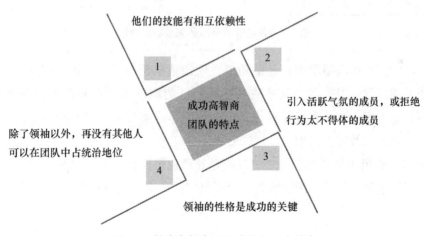

图4-6　符合高智商团队成员的四大特点

4. 超级明星团队的管理模式

超级明星团队管理者的智力和创造力都必须是无人能敌的，能够很快登上成功的顶峰，但是，也有可能失败得很惨。

团队成员总是在不同时间有着不同的表现，无论管理者如何训练和培养，他们也不可能全部成为超级明星。但这并不意味着削弱了团队的力量，或者团队的创造者无能。团队成员组成中能实现既有必要的超级明星，又有深知自己职责的辅助成员已经是非常理想了。这样团队管理者可以根据辅助成员的不同表现量身定做合适的培训计划和激励机制。

（1）超级明星成员的最佳比例。团队中的超级明星成员只需要占团队成员总数的10%~20%即可，其余的70%~80%成员为忠诚的辅佐者。

团队中存在两至三个能够承担巨大挑战的明星成员，他们善于决策，加之其他成员的得力辅佐，给予必要的支持，则团队基本上就可以实现高绩效。

（2）对超级明星团队领导者的要求。打造超级明星成功团队要求团队领导者做到四点，如图4-7所示。

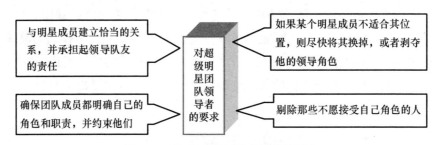

图4-7　对超级明星团队领导者的要求

通常人们都渴望明晰自己的角色，而激励型领导者善于让人们知道自己的职责和位置。但有可能某些成员明确自己的职责后仅在职责范围内表现，而不愿意承担更多的责任，这也是一个风险，这类员工通常对团队的贡献有限。因此，应及时对其做出合理的处置。

（3）超级明星成员的特点。即使是超级明星团队，也不可能其成员全部成为超级明星，但是，能够成为超级明星的成员必须具备四大特点，如图4-8所示。

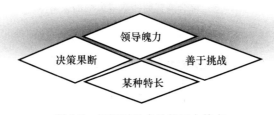

图4-8　超级明星成员的四大特点

团队需要有明星成员充当团队的非正式领导者。非正式领导者能够坚守职业规范，选取正确方向，追求完美表现，在压力下保持冷静，还有做事情善始善终等方面为整个团队树立榜样。有了非正式领导者便可以传达目标，设置各种标准，并能使各种制度得以圆满地贯彻和执行。他们还能起到在团队中建立互信和融洽的人际关系的作用。

团队中需要明星成员作为行为标准，来统领其他的成员，为其他成员树立榜样。如果团队中缺少这样的明星成员，那就尽快培养或选取一个。明星成员必须具有领导魄力，是积极的角色楷模，如果做不到这样则必然被替换。

4.5 / 性格激励与团队精神培育

　　超前的激励可能会使员工感到无足轻重，迟来的激励可能会让员工觉得多此一举，不适时的激励会失去其本身的价值，发挥不了应该发挥的作用。同样，每一位员工的性格、兴趣和关注点是不同的，都属于某一种特定的类型，都拥有自己独特的价值观念与奋斗目标。因此，优秀的管理者必须熟悉员工的类型，了解员工的需求，切实掌握不同的激励技巧。

　　因此，激励应选择适当的时机，适时激励产生高绩效；激励应该考虑团队成员的不同性格，针对性的激励产生高绩效。四种不同性格员工的激励模型，如图4-9所示。

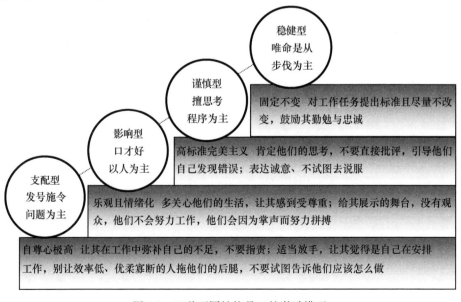

图4-9　四种不同性格员工的激励模型

但是，激励的最高境界是自我激励。弗朗西斯曾经说过："你可以买到一个人的时间，你可以雇一个人到固定的工作岗位，你可以买到按时或按日计算的技术操作，但你买不到热情，买不到创造性，买不到全身心的投入，你不得不设法争取这些。"

如果你是带团队的领导，你在自我激励的同时还得激励下属，你还可能不得不用连自己都怀疑的承诺鼓舞大家。所以，对于团队的每一个人，不如自己找寻工作的价值，慎独、自动、自发。当然，团队管理不可以仅仅考虑激发个体，更要培育团队精神。

团队精神，简单来说就是大局意识、协作精神和服务精神的集中体现，团队精神的基础是尊重个人的性格、兴趣和成就。团队精神反映的是人与人合作的精神和能力。只知道单打独斗，而没有团队合作的精神，到头来就无法真正发挥自己的能力。

团队精神的核心是协同合作，最高境界是全体成员的向心力、凝聚力和执行力，反映的是个体利益和整体利益的统一，并保证团队的高效运转。

企业要培养团队成员的团队精神要从组织内部日常管理做起，这些重点工作，如图4-10所示。

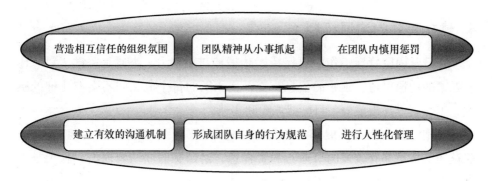

图4-10　培育团队精神的六个要点

1. 营造相互信任的组织氛围

团队中不同成员扮演着不同角色，要让团队的力量拧成一股绳，形成合力，信任是成功的关键。而这种建立在上下级之间的信任关系是靠管理人员培养出来的，或者说管理人员应该承担更多的责任，付出更多的努力。先信任手下的员工，然后才能获得员工的信任，进而形成良性的互动。

2. 团队精神从小事抓起

新成员加入团队就需要对其进行团队精神的培训，让其尽快加入整个集体中去开展工作，这应该引起全体管理人员的重视。但是更重要的是，让新员工融入这个团队中去，融入这个团队的文化中去。

从入职的第一天起便向新员工介绍团队情况、工作内容以及同事，并把他介绍给大家。使大家尽快地熟悉起来，融洽起来，为未来的团队工作打下良好的基础。培育团队精神均需要从小事抓起，从平时的点点滴滴做起。

3. 在团队内慎用惩罚

从心理学的角度考虑，要改变一个人的行为常用的手段有两种，即惩罚和激励。惩罚导致行为退缩，是消极的、负面的、被动的。惩罚是对员工的否定，一个经常被否定的员工，有多少工作热情也会被打击得荡然无存。而激励是积极的、正向的、主动的，能持续提高效率。激励和肯定有利于增强员工对企业的正面认同，有利于调动员工的积极性。

4. 建立有效的沟通机制

在日常团队管理工作中要保持团队精神与凝聚力，沟通是关键工具。比较畅通的沟通渠道、频繁的信息交流，使团队的每个成员间不会有压抑的感觉，工作就容易出成效，目标就能顺利实现。

要把团队的长远发展和近期目标传递给成员，并保持不断沟通和协调。保证团队成员都有较强的事业心和责任感，对团队的业绩表现出一种荣誉感和骄傲，乐意积极承担起团队的任务。

5. 形成团队自身的行为规范

逐渐形成团队自身的行为习惯及行事规范，这种规范同时也表现出这个团队的行为风格与准则。企业的规章制度、标准化的建立健全，团队领导应以身作则，通过自身的系列言行对规章制度、纪律的遵守和执行，逐步建立起领导的威信，从而保证管理中组织、指挥的有效性。员工自觉地按照企业的行为规范要求自己，形成团队良好的风气和氛围。

6. 进行人性化管理

团队精神的培育是对管理者的要求，人性化管理是处理日常工作、处理上下级关系至上的管理技巧。总之，团队精神的形成并不要求团队成员牺牲自我，相反，发挥个性、表现特长保证成员共同完成任务目标，而明确的协作意愿和协作方式是产生团队精神的真正动力。

团队精神是组织文化的一部分，良好的管理可以通过合适的组织形态将每个人安排至合适的岗位，充分发挥集体的潜能。如果没有正确的管理文化，没有良好的从业心态和奉献精神，就不会有团队精神。团队精神的形成还需要有明确、具体、可行的发展目标，目标是员工最好的航向，目标方向越明确越具体，由此激发团队的效力也就越大。

团队还需要培育共同的企业价值观，企业制度、企业规范等只能在有限和常规的情况下，告诉员工"干什么"和"不干什么"。公司的决策者、各级管理者是团队的龙头，是团队的核心人物，要发挥引导各种行为的领导、示范、标杆的作用。

大咖案例：我的学习型技术团队

在福特汽车公司内部，将能够提高公司竞争实力的重要知识称为"最佳经验"（BP），即最有效的制造方法。例如，福特公司下属的六座工厂，分别位于南美、欧洲和亚洲等地，这些工厂同时生产同一种车型，均有安装同一种零部件的操作，其他工厂的员工需要2~8分钟时间，而南美洲工厂的员工仅用1分钟36秒就能够完成，那么，后者的方法就被认定为BP。

福特公司的"最佳经验复制"制度规定，各工厂设置一个由经理亲自任命的生产工程师作为"焦点人物"，负责最佳经验活动。他们既负责收取提供给工厂的最佳经验，又负责将来自其工厂的最佳经验输入BPR系统中。最佳经验内容不仅包括相关作业方法、适用范围，还必须明确所需的装备、作业空间大小、注意事项、操作者应具备的素质、该经验取得节约的情况以及联系人的姓名和电话等。既简洁明了，又便于其他部门或单位的人员理解，有时甚至用摄像机拍摄现场画面。

一旦最佳经验被采用，焦点人物要负责报告最佳经验需要的成本和实际取得的收益。各工厂采用最佳经验的报告，也会在工厂级或副总裁级的会议上进一步审阅。对于提供这一最佳经验的生产工程师来说，这将是一大荣耀。

综上所述，福特公司最佳经验复制制度的成功源于七大举措，如图4-11所示。

1　发布最佳经验的数据库的建设

2. 每个工厂指定负责接受项目和发送相关项目的生产工程师

3. 做出采纳项目的厂方管理层会议

4. 产生和发放复制活动的响应系统和追踪系统

5. 公司内部生产工程师们频繁的会面

6. 工厂在劳动生产率上的要求促使人们不断寻求新方法缩减成本

7. 由少于六个人组成的核心小组来维持这一系统的规定

图4-11　福特公司最佳经验复制制度成功的七大举措

一个人的能力是一种无限的可能，团队能力提升的过程，其实也是一个乐于分享的过程。一个人的能力是一种行动的可能，加入一个团队，去做就行。

1. 学习型技术团队与团队学习

所谓学习型技术团队，是指通过创造整个团队的学习气氛，充分发挥团队成员的创造性思维能力而建立起来的一种有机的、能持续发展的团队。这种团队具有持续学习的能力，具有高于个人绩效总和的综合绩效。

团队学习，是发展团队整体搭配与实现共同目标能力的过程。为此，团队必须强化这一过程，发展团队整体搭配的合力，使团队成员自觉地把个人愿景，融入团队愿景中去，把团队愿景作为个人愿景的延伸。

2. 学习型技术团队打造的基本流程

根据彼得·圣吉的理论，学习型技术团队的建立需要五个步骤，如图4-12所示。

3. 学习型技术团队打造的注意事项

首先，要观察团队有没有树立共同的愿景，有没有明确的工作目标，愿景是为了凝聚大家的学习力，目标则是为了给大家指明学习的方向。尤其是对那些理想与目前的工作没有关系的员工，企业一定要为其讲清楚团队的愿景、工作的意义，以及工作与理想之间的关系，让他们把精力和时间多放到为工作而学习上来。

建立共同愿景

愿景可以凝聚团队上下的意志力，透过团队共识，大家努力的方向一致，个人也乐于奉献，为团队目标奋斗

团队学习

团队智慧应大于个人智慧的平均值，以做出正确的组织决策，透过集体思考和分析，找出个人弱点，强化团队向心力

改变心智模式

组织的障碍，多来自个人的旧思维，例如固执己见、本位主义，唯有透过团队学习以及标杆学习，才能改变心智模式，有所创新

自我超越

个人有意愿投入工作，专精工作技巧的专业，个人与愿景之间有种"创造性的张力"，正是自我超越的来源

系统思考

应透过咨询搜集、掌握事件的全貌，以避免见树不见林，培养纵观全局的思考能力，看清问题的本质，有助于清楚了解因果关系

图 4-12　学习型技术团队打造的基本流程

其次，通过深度汇谈改变大家的思维模式。因为人们随着年龄的增加会形成一定的思维定式，或养成不好的习惯，进而影响了团队成员之间的坦诚。因此，在团队内部形成了一种障碍，需要依靠改善心智的修炼，来改变这些心智的模式。

最后，应不断探索新的学习技巧。双环学习是目前较受企业欢迎的学习技巧。其特点在于不是就某一问题解决某一问题的单环学习，而是通过对解决某一问题的反思，找出隐藏在行动背后的深层原因，达到既解决当前问题，又杜绝今后同类问题再次发生的目的。为掌握这种技巧，团队需要善于反思、系统思考、不断创新，将学习到的东西应用到实际工作中来。

4. 深度汇谈的两种组织形式

深度汇谈，即英文中"dialogue"一词，区别于我们日常的"对话"。深度汇谈并不是去分析解剖事物，也不是去赢得争论，或者去交换意见，而是一种集体参与和分享，或者是一种"共享知识库"。组织深度汇谈有两种典型的方式：

（1）圆桌会议。这是一种平等、对话的协商会议形式，与会者不分等级围圆桌而坐，每个人都以平等的身份参加会议。这种会议形式来源于英国亚瑟王的传说。传说中，亚瑟王（King Arthur）是5世纪时布立吞人（Briton）的首领，他有超人的本领，率领布立吞人抵抗撒克逊人的入侵。亚瑟王召集骑士开会时，不分上下席位，围着圆桌而坐，于是有了"圆桌会议"（Round-table Conference）一词。

这种圆桌会议表示与会者一律平等，席位不分上下尊卑，更好体现参与的平等原则和协商精神。到今天圆桌会议已成为平等交流、意见开放的代名词。

现在我们把圆桌会议作为团队学习进行深度汇谈的一种组织形式，是指所有的与会者，不论身份、不分级别地围桌坐下，大家就一个主题进行讨论，所有的与会者对这个问题发表自己的意见和假设，但是不能对其他人的观点进行评论，彼此之间没有阶层、没有权威、不受束缚，从而达到相互学习交流的目的。

（2）世界咖啡屋。这是由朱尼特·布朗和伊萨斯·戴维在他们所著的《世界咖啡》（*The World Café：Shaping Our Futures Through Conversations That Matter*）一书中提出的。是指围绕一个相关问题有意图地建造一个实时的网上会议，通过将大家的思维和智慧集中起来解决问题、发现思考的共性的过程。咖啡屋会议是一个创造的过程，它引导协作对话、分享知识并创造行动的可能性，适用于各种大小组织。到今天，"世界咖啡屋"已成为团队学习进步的一种重要方式。

第 5 章

项目历练：项目经理之间到底差多少

初入职场懵懂学习如何工作的"小白"，经历了学习、成长，又经过职场三至五年的历练和进步，你早已能够胜任独立开展一项工作了，你已经成长为一名优秀的生产技师、技术骨干、业务代表、人力资源行政专员、会计……你对目前的工作驾轻就熟。当有一天，你被提拔为项目经理时，也许你不情愿地答应了老板"试一下"，其实内心还在忐忑，不管怎样，这一天真的到来了，你既喜又忧。

那么，项目经理这个职位对你而言意味着什么，是当官有权可以管着一帮人的荣耀，还是肩负带领一个团队共同完成目标的使命感？该如何干好项目，接下来要做什么？怎样才能当好这个项目经理，自己还要学会什么？干好这个项目本身的意义，除了升职加薪，还有什么……不管你自己是否想到，其实这些问题是每一位新晋的项目经理都会遇到并且需要思考和回答的问题，每个人的答案一定不同，这就决定了项目经理之间一定存在着差距。

成为一名项目经理后，你不再是单打独斗只对自己负责的职场小白了。项目经理的基本职责就是：作为领袖，引领自己的项目团队，在预算范围内，保质保量按时完成项目任务，并且在项目实施的过程中必然或自觉地取得个人和团队的成长。请注意这些打了着重号词语背后的含义：领袖（角色的转换）、团队（人力的资源）、预算（经济的资源）、质＆量＆时（技术＆标准＆要求）、完成＆任务（目标）、过程（时间＆控制）和成长（结果）。

每经过一个里程碑式的重要阶段，项目经理本身及其拿到的项目成果，都力争做到没有任何瑕疵、遗憾，就和项目评估工作的标准一样。

5.1 项目经理八维领导力

当我们谈到一个项目，就说明这个工作任务已经超出了一个人能独立完成的范畴，必须依靠团队来完成。作为项目经理，是从项目开始到结束始终对项目负责的人，是发起项目、组建团队、分工协调、过程把控、交付成果的管理者和领导人。

如果说取得知识和经验，只是个人的成长，做得好也只能使一个人成为精英；那么如果能做到输出、传导，就会变成千百万人的智慧。

有人说，当一个人的能力变成两个人的智慧时，这个人很可能就是一个组长；当变成 10 个人的智慧时，这个人很可能就是一个部门经理；当变成 100 个人甚至 1000 个人的智慧时，这个人很可能就是厂长、总经理、CEO 了；如果变成千百万人的智慧时，这个人肯定就是领袖。可见，领袖级的人物总是会用自己的智慧引导、改变别人的思想。

项目经理，是管理者，是领导人，是具备决断力、计划力、宣贯力、组织力、教导力、推行力、影响力和学习力的真正的职场精英。八维领导力与项目经理能力系统的对照模型，如图 5-1 所示。

具体到项目经理带的每个项目，一是有大小规模的差别，二是可能处于项目周期的不同阶段。因此，每个项目所对应达到的目标和要完成的工作是有所区别的，对相应项目经理的能力要求就有层次差别，项目经理要有针对性地通过项目实践训练提升自己。

其实，实践工作中只要需要你和别人配合完成的工作都可以视作一个项目，既有基于你岗位职责的项目，也有别人新策划、新发起与企业主导产品或服务不同的项目。当然，你也可以发起一个项目。

所以，有时候我们所说的项目，可能就是一个新产品的开发、一本书的

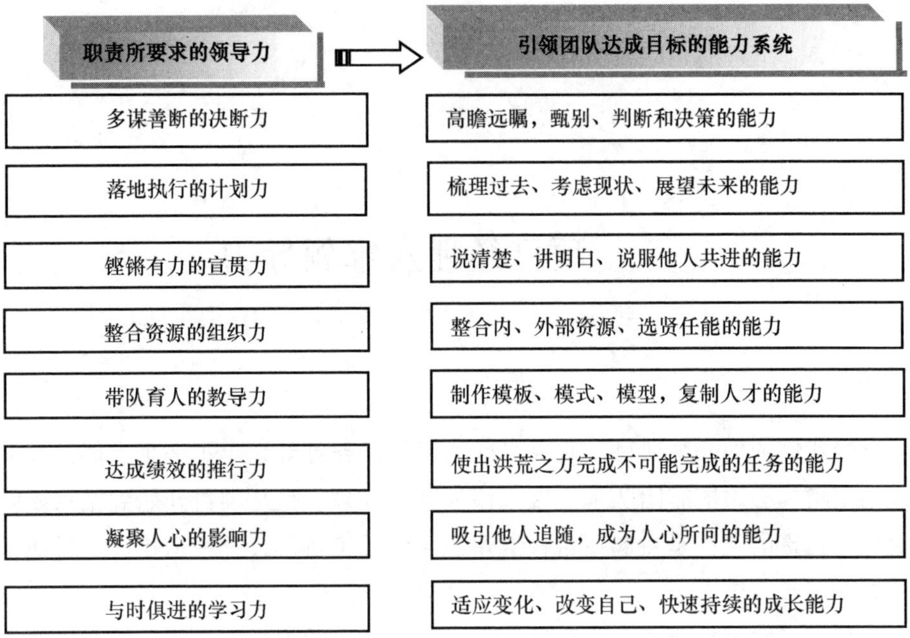

职责所要求的领导力	⇒	引领团队达成目标的能力系统
多谋善断的决断力		高瞻远瞩，甄别、判断和决策的能力
落地执行的计划力		梳理过去、考虑现状、展望未来的能力
铿锵有力的宣贯力		说清楚、讲明白、说服他人共进的能力
整合资源的组织力		整合内、外部资源、选贤任能的能力
带队育人的教导力		制作模板、模式、模型，复制人才的能力
达成绩效的推行力		使出洪荒之力完成不可能完成的任务的能力
凝聚人心的影响力		吸引他人追随，成为人心所向的能力
与时俱进的学习力		适应变化、改变自己、快速持续的成长能力

图 5-1　八维领导力与项目经理能力系统的对照模型

写作、一次年会的策划与组织等。总之，职场大咖应该具备项目管理的思维，把每一项任务都看作一个项目，无论大小，并且按照项目制来运作，时间长了，势必事半功倍，体会到项目管理带来的组织效益提升以及个人能力提升。

5.2 项目 KPI 适用性检验清单

保持项目关键绩效指标（Key Performance Indicator，KPI）的适用性，是确保拿到项目成果，进行项目管理、控制和纠偏、评估的最基本要素。因此，项目经理接手一个新项目，都会对项目 KPI 进行提炼，并定期重新评价与修正项目关键绩效指标。

我们一般会采用综合会议讨论的方式进行项目 KPI 的提炼，同时，为了确保项目 KPI 提炼的适用性，会特别邀请企业高管、人力资源部门及相关部门、各委员会成员的参与。

对于检验项目 KPI 提炼的有效性的方法，读者可以参考表 5-1 所列的事项清单来检验，对照分析之后，再进行调整或者增删、完善。

表5-1 项目 KPI 提炼的适用性检验清单

事　项	检查结果
1. 制订项目管理计划时是否充分考虑了项目相关的关键成功因素？	□ 是　□ 否
2. 制订项目计划过程中是否讨论了现有的项目关键绩效指标并根据实际进行调整？	□ 是　□ 否
3. 项目组织的每个部门是否至少每年讨论一次部门内部的关键绩效指标？	□ 是　□ 否
4. 相关客户满意度和项目内容工作流程的绩效考核指标调整后，是否通知了有关的项目干系人？	□ 是　□ 否
5. 与项目关键绩效指标相对应相联系的绩效考核指标是否实际投入使用？	□ 是　□ 否
6. 为了使项目团队成员能够进一步了解项目关键绩效指标，是否进行了积极的宣传和持续的教育？	□ 是　□ 否
7. 关于项目绩效指标的任何调整变化是否都向利益相关者进行了咨询？	□ 是　□ 否

事　项	检查结果
8. 所有关于项目绩效考核指标、信息公式和授权的改变是否都经过慎重考虑？	□ 是　□ 否
9. 企业有没有重新确定影响项目目标实现的关键成功因素？	□ 是　□ 否
10. 随着项目周期变化，项目绩效指标是否都得到了发展？	□ 是　□ 否
11. 为了保证项目绩效指标变化真正得到提高，在项目绩效管理中是否实施了严格的控制与检查？	□ 是　□ 否
12. ……	

测试点评：项目执行力

我们相信，多年职业生涯，通过项目的多次历练，你是一位对自己多方面都比较了解的人。但是，除了自己对自己的判断，也需要听听他人的看法，或者用一些测试工具来验证一下。

这个测试题目及结果分析，应该能够帮你提高对自己项目执行力的进一步了解，共 18 题，请你在 5 分钟内完成，只需打"√"或"×"即可。

测试题目：

（1）今天天气似乎要变坏，但出门带雨具又麻烦，你能快速做出决定吗？（　）

（2）做一项重要工作之前，你会制订具体执行计划吗？（　）

（3）你是否充分信任你的同行者、合作者呢？（　）

（4）对自己许下的诺言，无论现状如何，你能否一贯遵守？（　）

（5）你能在岗位上轻易适应与过去的工作习惯迥然不同的新规定、新标准吗？（　）

（6）你能坦率地说出自己拒绝某事的真实原因，而不虚构一些理由来掩饰吗？（　）

（7）辛苦工作之余，你是否会对自己计分评估？（　）

（8）你认为自己勤奋而不偷懒，做到慎独了吗？（　）

（9）为了公司整体利益的考量，你敢于得罪别人吗？（　）

（10）做一项重要工作之前，你是否尽可能多地收集信息、听取意见或建议呢？（　）

（11）你是否擅长沟通？是否善于倾听？（　）

（12）如果你明知上司与你的观点截然相反，你还能直抒己见吗？（　）

（13）进入一个新的部门后，你能很快适应新团队吗？（　）

（14）上司要你星期五下班前提交一个方案，到了规定时间，你发现自己的方案有不完善的地方，而且周末上司外出度假，你会考虑等到下星期一再提交吗？（　）

（15）你经常为自己寻找合适的借口，来掩饰工作中的小错误吗？（　）

（16）对于一项执行难度较大的工作，你是否会全力以赴呢？（　）

（17）对于任务中不明确的地方，你会对上司提出质疑吗？（　）

（18）你有肯定能够顺利完成工作的自信吗？（　）

评分标准：

打一次"√"得 1 分，第 14 题、15 题打"√"扣 2 分，打"×"不得分。

结果分析：

10 分以下：你做事往往拖拖拉拉。假如有人愿意替你去做一件工作，你简直对他感激不尽。你让他人感觉难以信赖，与你共事很疲惫。也许对你来说，不做事最逍遥，但在你拒绝任务或不负责任的时候，你也失去了成功的机会。

11～16 分：你的执行力一般。你的工作效率不高，但也不至于拖团队的后腿。也许你正为自己游刃有余的职场能力而沾沾自喜，其实，这就是你最大的缺点，千万别以为"混同于世"就会一帆风顺，要想有良好的工作业绩，要想获得升迁的好机会，你就要充分发挥自己的能力，埋头苦干。

17～18 分：你的执行力较好。你有较开阔的眼界与合理的知识结构储备，再加上你的果断与敬业，可以肯定你是上司、同事们信赖的对象。如果辅以正确的执行方法，你能够取得较好的工作业绩，你的职业生涯肯定会有广阔的前景。

5.3 / 项目团队激励三大工具

项目团队是进行项目工作、实现项目目标的主体，建立完善有效的项目团队激励体系，能够有效促进项目目标的实现和企业业绩的提高。

项目管理有很多经典和新兴的实用工具，这里与大家分享与项目团队激励相关的三大实用工具，包括项目团队激励方案的设计、项目团队不同生命周期的精神激励方式设计、项目成员的物质激励方式设计等。

1. 项目团队激励方案

设计项目团队激励方案，主要包括激励时间、激励措施、激励实施和激励监督四个方面的内容，具体如图 5-2 所示。

激励时间	◆ 项目团队的物质激励通常按照项目周期进行，精神激励则是伴随项目过程始终 ◆ 大型、长期的项目也可按照项目阶段或项目关键节点进行项目团队激励
激励措施	◆ 项目团队的激励措施主要包括目标激励、奖金激励、信息激励、参与激励、责任激励、授权激励、培训激励等 ◆ 应根据项目团队生命周期的不同阶段选择不同的激励措施，多项激励方式结合使用
激励实施	◆ 项目团队激励的实施主体一般为企业高级管理层和项目经理，实施对象为整个项目团队或某个部门团队 ◆ 应明确项目团队激励的实施程序和各方权责
激励监督	◆ 企业还应建立项目团队激励的监督机制，监督激励实施是否符合激励制度，项目团队激励是否达到预期效果，并及时反馈给企业管理者和项目管理人员，以便于调整项目团队激励的方式

图 5-2　项目团队激励方案的设计内容

2. 项目团队不同生命周期的精神激励方式

项目团队从组建到解散，是一个不断成长和进化的过程，一般可以分为五个阶段：形成阶段、震荡阶段、正规阶段、成熟阶段和解散阶段。由于项目团队生命周期各个阶段有不同的特征，因此选择的激励方式也就不同。

（1）形成阶段

预期激励：向项目团队成员介绍项目背景和目标，设想项目美好前景及实现项目目标所带来的益处，明确项目团队的努力方向，增强团队信心和凝聚力，促使项目团队成员为实现美好的预期目标而共同努力。

信息激励：公布项目的所有相关信息，比如任务要求、质量标准、预算、时间进度或资源限制等，使团队成员对项目有充分的了解，明确项目工作方向，为项目的顺利开展打下良好基础。

参与激励：确定项目团队成员为实现项目目标所充当的角色，在分解项目目标及制定项目实施计划时，应让团队成员充分参与，增强计划的科学性和可操作性，同时使团队成员能够为自己亲自参与制定的目标积极、努力地工作。

（2）震荡阶段

参与激励：项目经理要让团队成员正视工作中出现的问题，并参与讨论解决，充分听取团队成员的意见或建议，规范项目团队的合作方式，共同做出决策，以增强项目团队成员的归属感和对决策的认可度，从而有利于项目顺利实施。

责任激励：进一步明确每个成员的职责、权限，并制定相应的奖惩制度和约束机制，以增强团队成员的责任感；同时，项目经理应以身作则，从而促进团队成员更好地配合、协作。

信息激励：项目经理要加强与项目团队成员的沟通，增加相关信息的透明度；要能接受及容忍项目团队成员的不满情绪，创造一个理解和支持的工作环境，积极换位思考，努力化解矛盾和冲突，并通过有效的反馈进一步激励项目团队。

（3）正规阶段

授权激励：项目经理应尽量减少指令性工作，给予团队成员更多的资源支持和技术指导，并且做到充分授权，从而引导团队成员实现自我激励，提高整个项目团队的工作绩效。

培训激励：项目经理要尽可能多地为项目团队创造学习新知识的机会，根据项目团队成员的需求制订培训计划，开展培训工作，促进其能力的快速成长。

（4）成熟阶段

危机激励：积极引导项目团队成员对项目的内外部环境进行全面分析，对项目工作中出现的问题进行深刻反思，有效识别项目的风险因素，并采取有效措施。

目标激励：为项目团队设立有较高价值的目标，并将其与项目团队成员的需求有机结合，为目标实现创造条件。同时，项目经理应通过有效的沟通，协调团队目标与成员个人目标的关系，让成员意识到为项目工作的结果正在使其获得职业上的发展。

知识激励：在对项目团队充分授权的基础上，当项目遇到技术难题时，可以组建临时攻关小组，并且将解决方案的有关知识点或技术信息在团队内部快速共享，增强项目团队成员的成就感。

（5）解散阶段

强化激励：对项目团队成员的种种有利于项目绩效的行为及时进行表扬，给予相应的荣誉，强化前面阶段的激励效果。

尊重激励：尊重项目团队成员的工作成果和职业发展意愿，考虑和安排项目团队成员的未来发展计划。

这里所讲述的激励方式偏重于精神激励方面，物质激励作为一种重要的激励方式，应同时贯穿于项目团队发展的始终。

3. 项目成员的物质激励方式

项目成员的物质激励方式主要有薪酬激励（绩效工资、业绩奖金、单项奖金）、津贴激励和额外福利激励三种，每种激励方式还有不同的表现形式，具体计算分配方法包括五种。

（1）绩效工资

◆绩效工资＝绩效工资基数×绩效系数。

其中，绩效工资基数通常是根据岗位工资和项目预期收益确定的，可参考历史实际绩效工资水平；绩效系数根据项目成员的绩效考核结果确定。

◆根据项目成员的薪酬发放周期按时发放。

（2）业绩奖金

◆业绩奖金＝奖金基数×发放比例。

其中，奖金基数根据项目业绩完成情况确定，按一定比例在项目利润中提取；发放比例根据项目成员的业绩目标完成的考核情况确定。

◆适用于项目管理人员、专业技术人员和营销人员。一般按照项目周期或项目关键节点计发，根据项目回款情况兑现。

（3）单项奖金

◆根据项目成员的绩效目标或工作标准制定奖惩标准，比如：

每获得一项项目技术创新成果，给予项目技术人员×××元奖金；

每提出一条有关项目实施合理化建议，且经采用后为项目创造效益的，奖励项目成员×××元。

（4）岗位津贴、技术津贴、兼职津贴、地区津贴等

◆根据津贴设置目的，确定津贴标准和发放资格。

◆津贴＝津贴基数×津贴系数。

其中，津贴基数由人力资源部根据薪酬调查确定；津贴系数根据津贴设置目的划分标准，例如岗位津贴系数由项目岗位职责要求及重要程度确定，兼职津贴系数由兼职岗位数量和职级确定，地区津贴由项目地区经济发展水平和消费水平确定等。

（5）额外商业保险、发放劳保品、设置项目活动基金等

◆根据福利项目设置目的，确定额外福利水平和获得资格。

◆可将额外福利项目价值折算成货币形式，由项目成员根据个人实际需要进行选择，福利组合总价值不能超过企业的福利制度规定。

5.4 / 跨部门、 跨项目关系运作

带项目带得多了，都有感触，没有几个项目团队成员是全职的、能够跟多个项目的，没有哪个项目不涉及与其他部门尤其是职能部门的配合。从项目参与人员构成来看，有的人是从其他部门临时调过来的，项目完成结项后回到原部门；有的人是兼职的、外聘的顾问和专家，不会从头跟到尾；有的人甚至在项目期间还同时做着其他多项工作。

当然，一个项目团队的成员由不同职能部门的员工组成，这种跨部门的项目团队可以合理利用各个部门及其成员的知识技能协同工作，高效达成项目目标。这里的前提是，作为项目经理，要提前设定好项目跨部门、跨项目的考核关系。

1. 项目跨部门的考核关系

一般来说，跨部门的项目团队都是基于完成某项专门的任务而组建的，有时团队成员往往是在项目周期的一个特定阶段才介入项目工作，结束后又进入另一个项目任务或回到各自所属的职能部门工作当中。这就给项目团队成员的绩效考核增加了难度，如何引导其积极、主动、更有效地投入到你的项目中去呢？

项目跨部门的绩效考核关系可以进行两个层面的设定，具体如图 5-3 所示。

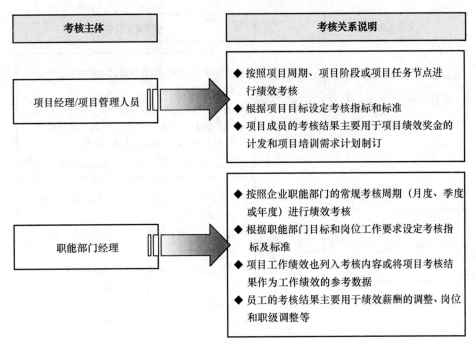

图 5-3　项目跨部门的考核关系两个层面

2. 项目跨项目的考核关系

　　部分项目团队成员可能并不专门属于一个项目团队，而是隶属于多个项目团队，参与多项项目工作或兼任多个项目职位。由于企业内部通常不只存在一个项目，经常是多个项目（同种类型或者不同类型）同时运营，所以，一些部门或岗位就同时为多个项目提供支持和服务。这就涉及跨项目的绩效考核问题，即企业如何对这些参与多个项目工作的岗位人员进行绩效考核，并达到好的激励效果。

　　项目跨项目的绩效考核关系也可以设定为两个层面，具体如图 5-4 所示。

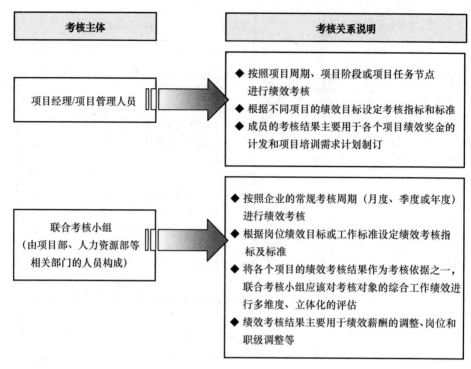

图 5-4　项目跨项目的考核关系

5.5 项目沟通之干系人矩阵

　　项目经理的工作大部分时间都用于与团队成员和其他利益相关方的沟通上，无论这些成员和利益相关方是来自组织内部还是组织外部。利益相关方，又被称作干系人，项目经理要学会利用干系人矩阵等管理工具做好项目的沟通管理，让有效的沟通确保项目成功。

　　项目干系人，即项目的利害关系者，包括项目当事人，其行为能影响项目的计划与实施，以及其利益受该项目影响（受益或受损）的个人和组织。表5-2 列出了项目干系人的角色和作用。

表5-2　项目干系人角色和作用

项目干系人角色	角色定义和在项目中的作用
项目经理	项目经理是最主要的项目利益方，是受组织授权委派实现项目目标的个人。项目经理要从全局出发，识别所有内外部利益相关方，针对项目要求来管理各类干系人对项目的影响，确保项目按计划实施并带领项目团队完成项目
项目发起人	项目发起人是从项目构思阶段就为项目提供支持的组织或个人，其作用包括宣传项目将给组织带来的利益、游说更高层的管理人员，以获得组织的支持。在整个项目选择过程中，发起人始终起主导作用，直到项目得到正式批准。发起人对制定项目初步规范与章程也起着重要的作用
资助人	以现金或实物形式为项目提供经济资源的组织或个人，是项目所需财力物力的保证方
业主/客户	使用项目产品、服务或成果的个人或组织。满足业主和客户的需求是项目的主要目标
项目执行组织	是其雇员直接为项目工作和服务的组织，但无须参与项目管理的团队成员组成。项目执行组织来自不同团体，分别掌握某些具体的专业知识技能，并执行项目工作。如施工方、监理方、设计单位、评估单位等

续表

项目干系人角色	角色定义和在项目中的作用
职能经理	即项目管理团队，在项目所在组织的行政或专业职能领域（人力资源、财务、计划、采购等）承担管理角色的重要人物。全权管理所辖职能领域中的所有任务，为项目提供相关领域的专业技术或服务支持
项目组成员	在项目所在组织中执行项目工作的人员
权利阶层	并不直接采购或使用项目产品，但是因为自身在消费者组织或项目执行组织中的位置，可以对项目进程施加积极或消极影响的个人或组织。例如项目管理办公室，如果在执行组织中存在，其对项目的结果负有直接或间接的责任，是项目主要干系人之一
其他干系人	例如：投资商，销售商和分包商，团队成员和他们的家属，政府机构和媒体渠道，临时或永久的游说团体，甚至整个社会

项目不同的干系人对项目有不同的期望和需求，他们关注的目标和重点不同，甚至对项目的利益诉求可能是冲突的。例如，业主也许十分在意时间进度，设计师往往更注重技术一流，政府部门可能关心税收，附近社区的公众则希望尽量减少对环境的不利影响等。不同的项目干系人对项目的影响也有正面和负面的，项目经理要弄清楚哪些是关键的项目干系人，他们各自的需求和期望是什么，进一步对干系人的需求和期望进行管理并施加影响，调动其积极因素，化解其消极影响，朝着有利于实现项目目标的方向引导各方干系人的期望和影响，以确保项目获得成功。所以，项目沟通管理的过程，就是做好干系人管理，如图 5-5 所示。

图 5-5 项目沟通管理过程

利用矩阵工具，项目经理可以对项目干系人进行分类，并制订干系人管理计划。

表5-3列出了矩阵工具关于干系人的分类方法，即根据干系人的权利（施加自己意愿的能力）、紧急程度（需要立即关注）和合法性（有权参与）对干系人通过矩阵的凸显模型来分类。

表5-3　项目干系人矩阵的分类方法

权利/利益矩阵	根据干系人的职权（权利）大小以及对项目结果的关注程度（利益）进行分组
权利/影响矩阵	根据干系人的职权（权利）大小以及对主动参与（影响）项目的程度进行分组
影响/作用矩阵	根据干系人主动参与或影响项目的程度以及对改变项目计划或执行的能力（作用）进行分组

干系人分类确定后，利用干系人矩阵绘制凸显模型，分析不同类型干系人的沟通策略，并可进一步制订干系人管理计划。图5-6是一个权力/影响矩阵下低合法性的凸显模型。

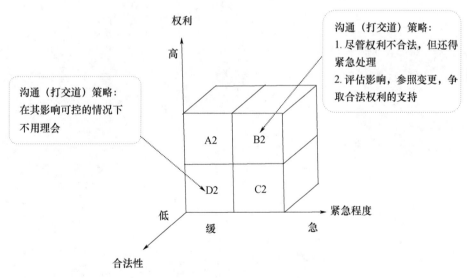

图5-6　权利/影响矩阵下低合法性的凸显模型

在图5-6的模型下，以B2区的干系人为例：这类干系人权利高，但合法性低，所涉及的事项很紧急。例如B市信息中心正在为市政府的电子政务项目布设光缆，此时电力公司闻讯后紧急叫停了光缆的施工，叫停的理由是：

光缆离电力公司的设施过近。但光缆和市政电力设施要多远？其实没有一个确切的标准，电力公司内部的标准也没有得到信息中心的认可。为了赶工期，信息中心继续施工，此时电力公司威胁要断电。如果你是项目经理，你如何处理此类棘手的问题？根据图 5-6 中的建议，对 B2 区的干系人应该：（1）尽管权利不合法，但还得紧急处理；（2）评估影响，参照变更，争取合法权利的支持。因此，项目经理要报告单位，由单位出面，由"单位对单位"进行协商进而解决。

总之，通过干系人识别过程，可以找到所有的干系人，收集他们的基本信息和需求，对干系人分类，初步拟定沟通策略，然后把这些成果记入干系人登记册，并根据沟通策略确定干系人管理计划，让项目干系人尽可能早地参与项目，比如在启动阶段就介入。这通常有助于改善和提高分享项目所有权、认同可交付成果、满足干系人要求的可能，也更利于争取他们在项目管理过程中的支持，从而提高项目成功的可能性。

5.6 优秀项目经理七大转变

成为项目经理并经过多次磨炼，作为经组织授权实现项目目标的个体，你的价值将不在于任劳任怨、听命于上司或者没有功劳也有苦劳，也不在于提供各种专业知识、管控工具、正确观念和专业术语，更不在于职称、头衔和地位，而是在于成果的产生、效益的提升。

通过项目的历练，项目经理本人有了悄无声息的改变，逐步具备了作为团队领头人的主动性意识，逐步形成了积极进取的行为习惯，如图5-7所示：

作为团队领头人的主动性意识	对应行为
做个好领导才能带好队伍	修炼自我
梦想是团队起航的原动力	分享愿景
慧眼识人为团队所用	伯乐相马
需要约束并确保全员步调一致	制定规则
发挥每个员工的最大潜能	合理授权
规则和人性化间的平衡	刚柔相济
打造高绩效落实工作的团队	任务管理
让员工自动自发跟随打拼	传递激情
提升团队的整体竞争力	激活竞争
及时遏止不良情绪蔓延	心理减压
维护团队稳定的必要条件	化解冲突
缔造和谐信赖的团队文化	倡导协作
让团队成员与项目一起历练成长	注重培训
不断变化环境下团队事业常青的保障	勇于革新

图5-7 团队领导的主动意识和行为

也就是说，带过一个或者 N 个项目后，我们会再次回想当初自己被任命为项目经理那天思考过的问题："项目的目标是什么（任务愿景）？我要做什么（职责）？我的价值是什么（作用）？我能胜任吗（能力技能）？我能承受接下来的压力吗（担当）？我能带好团队吗（领导）？项目结束后我再如何发展……"

每一个有带项目经历的人都明白，这段项目经历的过程已经帮每个人找到了自己的答案。总结一下，优秀的项目经理都有以下七个方面的改变。

1. 设立优先级，紧急重要的事情优先

项目经理的最高优先级，是让你的客户满意。你必须为你的项目成员创造一个环境，使得他们在这个环境下工作，目的是可以最有效地满足客户的需求。

项目经理的第二优先级，是为项目成员提供服务。这些服务包括：指导和教育，处理冲突，提供资源，设立项目目标和时刻准备服务好、支持好、帮助好你的下属。

第三优先级才是项目经理自己的事情。可能是一个与项目有关的技术问题，也可能是你的老板要你做的某件事。但当这些事与上面两个较高优先级冲突时，这些事可能要延后处理。

2. 分析自己的技能差距，补短板

也许你是因为有很强的技术背景被提拔为项目团队的领导，也许你拥有前沿的技术观点，但成为管理者之后，你更需要掌握包容的工作风格和聆听的交流方式。学会倾听，锻炼在公众场合演讲，或者主动参加项目管理技能的相关培训，学习如何设立优先级、如何高效主持会议、如何清晰无误地沟通等技能，以及利用碎片化时间多看一些项目管理、风险控制及高效运营方面的图书或微信文章……

3. 从客户需求角度重新定义质量

项目经理的下属和客户是两波人，他们对质量的看法不可能一致，而且还会抱有不同的目的。比如，项目团队成员更注重应用先进技术，而客户则会担心未经公众广泛接受的先进技术是否可靠。高质量地完成项目的最终目

标就是使客户满意。因此，一个项目团队的成功，相对于内部需求，更应该从客户的角度出发考虑，对于客户而言，哪些质量特性是重要的。

4. 注重奖励、表达感谢

项目经理要把建立奖励机制视为头等大事，奖励能有效地激活团队执行力。在奖励时要表达"感谢你的帮助"，或者"祝贺你完成了……"，让项目成员感受到被重视和被信任。奖励的范围不必仅仅局限在项目组内部，其实，客户代表和一些向你提供特殊帮助的外部人员都是值得感谢的人。奖励机制不要局限于金钱或实物，项目经理多动动脑子，可以把奖励活动变成团队文化的一部分。

5. 坚持阶段性的复盘

复盘，对项目经理来说是一个有必要坚持的习惯和成长的方法。作为项目负责人，应该花时间分析以往项目的成功经验以及失败的教训，记录好那些项目进程中曾经出现过的问题，当时的解决方案，还可以批注今后若再出现同样问题的建议方案。通过项目回顾，项目经理可以客观地评价项目或项目阶段完成的好坏，了解自己的团队强在哪里，弱在何处。

项目经理可以采取头脑风暴的方式，鼓励团队成员各抒己见，一块儿分析问题，利用团队整合的智慧寻找更好的解决方法，进一步指导以后的工作。

6. 采用先进技术和管理模式

项目经理需要了解被业界普遍认可的先进技术和管理模式，并考虑引入以提高项目团队的工作效率。但是，也需要提前想到，虽然是好的方法、工具和流程，也是新的，可能会出现成员质疑、反对，甚至抵制的现象，而这时恰恰是项目经理能力检验的机会。也就是说，酒香也怕巷子深，即使好东西的采用也得费点儿功夫，你不会提前没想到吧？

7. 设立改进标准

"预则立，不预则废。"项目经理的精力主要集中在威胁或者可能威胁项目成功的因素上，因此项目经理要带领团队一起分析你们目前做法的长处和短处，以及所面临的威胁。

也就是说，项目经理要做好预案，必须改进标准做到可量化。举例来说，某合同部经理发现以往的订单交付由于需求多变而经常延后，影响了公司声誉和顾客的续订率。于是，考虑设立一个半年目标，力争将需求的稳定性提高50%。这样的一个目标，要求合作部门每月、每周、每日都做实际的工作：统计需求的改变数，查找需求的来源和变来变去的原因，采取措施等。具体而言，要做到生产前增加客户确认程序，通过对确认后变更的客户收取合同变更费等措施来控制需求改变，这种改进很可能改变以往合同部的工作流程甚至增加工作量，但事实上，半年后订单变更率由40%降低到10%。

大咖案例：华为的项目经理

华为内刊《华为服务》在"技术专家"专栏有一篇文章《一个项目经理的成长、历练、挑战和感言——访华为公司项目经理赖雷》。曾经有同学问起赖雷为什么应聘以工作辛苦著称的华为，赖雷当时的回答很简单："因为我还年轻。"不错，因为年轻，所以不能挥霍人生；因为年轻，所以需要更多的磨砺来帮助成长。

1. 项目经理的成长

2000年，赖雷大学毕业后进入华为，起初分配在华为公司工程设计部工作，做交换系统设计方面的工作，随着宽带数通产品逐渐成为公司主流销售产品，他转到了宽带数通产品线继续进行系统设计工作，并作为产品开发团队成员开始参与产品开发工作。就这样他通过自己不断地摸索和经验积累，一步一步成长为技术专家。值得一提的是，除了新员工时期，赖雷在公司的历次大比武考试中，都获得了A的优异成绩。

经过公司的项目管理培训后，赖雷开始担任华为公司一、二级重大项目的项目经理。身为项目经理期间，他表现出了良好的项目管理能力。2003年，华为成立项目管理部，赖雷随即调入，并于2005年获得PMP证书。之后他又主持了多个重大项目，包括海外项目、跨国项目，其间取得了傲人的成绩，其中多个项目被评为华为公司的优秀项目。

作为从技术专家转到项目管理者的赖雷，在历次项目中都能给客户和同事留下技术水平高、工作认真细致的印象。就像曾经与他合作的一个客户项目经理评价的那样："赖雷不仅是一个技术专家，更是一个项目管理专家。他丰富的网络技术经验，是进行项目管理的良好基础。"和客户对他的评价一致，公司同事与领导对他的项目评价也非常高。他们一致认为：不管赖雷的项目有多大的风险，他总是能够通过合理的手段，让这些风险都不成为问题，进而取得广泛的好评，这无疑依赖于他自身优秀的项目管理水平和触觉。

完成一个项目后，项目经理应总结整个项目过程的收获：自我颠覆与成长——自身领导能力的学习与提升；组织重构高效团队——搭建、培训到项目历练，锻造出一支不断学习、保持创新和高竞争力团队，这个团队中的优秀成员将会成为其后续职业生涯中永远可以信赖的下属和伙伴，甚至他能在其中发现他的接班人；管理能力和经验水平进阶——他及整个团队掌握先进的项目管理工具和积累丰富的项目实战经验。之后，继续经过项目的锤炼，从项目实践中不断回顾总结、改进提升，项目经理即将成为一名职业经理人。

2. 项目经理的历练

2003年，赖雷主持华为全球第一个NGN商业网络项目，这是华为NGN第一次在商业网络上的应用，涉及除台湾地区和澳门地区以外的全国180个城市，当时号称世界第一大NGN商用网络项目。

当时的NGN基数还非常新，也没有那么多具备NGN相关知识的工程施工人员，项目周期较紧，加之客户方面是一个新兴的运营商，各地分公司的人员水平参差不齐，一时间众多难题摆到他的面前。在赖雷的带领下，项目团队经过严密的风险分析，制定了风险防范措施，加强过程监控，责任分工到各人，并创造性地提出了针对NGN的施工方法——强中心节点的技术力量，从而减少对分支节点的技术方针。并从沟通要求、问题反馈、质量保证等多个环节给予了明确规定和监控，有效地提高了工作效率。实践证明，这一系列的活动，不但针对性地克服了该项目各地施工人员力量不足可能带来的一系列问题，保证了交付质量和交付时间，还培养锻炼出了一支过硬的华为NGN工程队伍，为以后的更多更大的NGN工程的实施提供了人员保证。

在项目后续阶段，由于客户和华为当时都还没有NGN首次大规模商用的经验，对网络安全、IP承载网及NGN特有的运维体系的认识都有不同程度的偏差，而这些都可能给客户带来很大不便或在一定时间内影响客户对NGN的信心。为了真正做到让客户放心、满意，赖雷协调公司各个部门，从市场、研发到客户技术服务，共同为客户召开高层次的Workshop，为其量身定制了许多措施和解决方案，让客户的话务量和业务收入都高速增长，此举得到了客户的高度认可，同时也让华为迅速积累了 NGN 方面的经验，成为 NGN 的领路人。

通过在华为近 6 年通信工程工作的历练，赖雷拥有了精湛的技术、严谨的作风，成为华为工程技术和项目管理人员中的佼佼者。

经过项目历练后，每个项目经理成长的结果也一定会有差别，有的真的当上了职业经理、升职加薪，有的继续带团队做项目，有的收获了其他的机会，有的也许扼腕叹息……总之，我们每一个人都是独一无二的，即便是相同的项目、相同的团队再让你带领重走一遍项目，"也不可能两次踏进同一条河流"，每一个人的经历、收获和成长的过程千差万别，最后项目经理之间到底差多少，只有经历过项目的那些岁月能告诉他们。

3. 项目经理的挑战

几年后，赖雷又接受了一个新的挑战——一个公司级重大"端到端"的项目。那个项目涉及需求调研、研发、工程、测试、割接等多个流程，然而工程专家出身的赖雷，对需求调研、开发管理等相关流程基本是个门外汉，基于对自己的严格要求和对自己学习能力的提高等考虑，赖雷担任了这个项目的项目经理，因为他相信自己和华为的实力。

在很短的时间内，赖雷通过自己钻研并向有经验的前辈或同事请教，掌握了公司的 IPD 开发流程，从一个工程项目经理转变为一个全流程的项目经理，开始娴熟地利用 IPD 术语和研发部门沟通，和客户介绍项目进展。目前此项目正在顺利进行中，已经完成了需求调研，转入了产品开发阶段。

4. 项目经理的感言

赖雷不管在与同事的交流中，还是在授课当中，都经常会被问到这样一个问题："作为项目经理，最重要的特质是什么？"当然我们可以通过教科书找到答案，但是赖雷对此有自己的理解：一个项目经理，对外代表着华为，对内代表着客户，关系重大。强烈的责任心是一个优秀项目经理最重要的特质。

作为项目经理，你是整个项目的统一领导者，要以身作则、言行一致，每件事情都要认认真真，用踏踏实实的作风去感染他人，用诚信取得客户及团队的信任。

作为项目经理，凡是有关项目的事情，不分客户，不分你我，尽量组织团队站在客户的角度看问题，急客户之所急。

作为项目经理，80% 左右的工作内容在于沟通协调，与客户沟通、与团队沟通、与其他干系人沟通。无论是对内还是对外，都要积极主动地去争取，坚信"Everything is negotiable"。

积极倾听客户需求，真诚提供满意服务，这就是一个华为项目经理对自身、对更多华为项目经理们的期望。

总之，经过项目的历练，从项目实践中回顾总结、改进提升，项目经理将成为职业经理人，在未来未知的领域，他将继续体悟管理之"道"（"人和"团队→"地利"资源→"天时"计划），不断操练和实践管理之"法"（终身学习）与"术"（管理工具），并融会贯通，智慧护航，终将取得事业的成功！

第 6 章

双创三做：问题分析与解决

随着工作阅历的增长和职位的升迁，我们要面对的人和事变得越来越复杂，当然也会有更难解决的问题出现，这是一种常态。问题的问题是如何分析，如何快速有效地解决这些情况。

埃隆·马斯克（Elon Musk）在特斯拉内部邮件中说道："关于信息应如何在公司内部流动最常见的方法是命令链。这就意味着，根据等级设置，你总是通过你的经理进行跨部门沟通，以便增强经理权力。也就是，人们被迫跟他们的经理交流，经理再跟他的经理交流，再与其他部门的经理交流，最初的这个人再和对方团队交流。这是非常愚蠢的。"

马斯克认为，特斯拉的任何人都可以根据他们认为能解决问题的最快办法，比如用邮件、当面交谈等方式与他人交流。在特斯拉内部，员工可以在没有得到许可的情况下与经理的经理或公司副总裁交谈，也可以直接找马斯克沟通。而且，每个人都有义务这样做。当然，这样做的重点并不是随便聊聊天、谈谈地，而是确保执行得又快又好。

"在体量上，特斯拉显然无法与大型汽车公司竞争，因此必须用智慧和敏捷来竞争。"马斯克还强调，经理们应全力避免在公司内部建立"竖井"，这将会造成"我们对他们"的心态阻碍沟通。这是一种职场智慧，职场人士都需要积极与"竖井"这种"部门墙"战斗。在智慧职场中，直击问题、独立思考、借助外力和快速高效地解决问题，是一种技能。

大咖案例：八分钟时间段的改变

可能有些职场人士认为，因为自己性格内向，所以只要勤奋肯干、温顺听话就能获得似锦前程；有些人则认为，自己学历不高、能力也有限，没有时间和精力去琢磨"创新"这等虚无缥缈的事情；还有些人认为，职场成功很简单，买一本书，就可以获得别人的智慧经验。然而，如果你全盘照抄、简单模仿、不加思考，那只会"画虎不成反类犬"。

在智慧职场中，不可好高骛远，否则终无成就、反成笑柄。怎么办？急需创新。

其实，并不是只有那些高大上的技术突破或者改变人类生存方式的发明创造才称得上创新。在这个崇尚创新的时代，对现有产品生产线的步骤删减，对以往工作流程调整的一条合理化建议，甚至对办公室绿植的重新排列摆放，都可以看作是工作中创新精神的体现。

美国乔治·布什洲际机场曾经因低下的行李运输效率接到许多乘客的投诉。因为，乘客在下飞机后 1 分钟就可以走到行李处，而等待行李却需要漫长的 7 分钟。一般而言，解决这个问题最直接的方式就是雇用更多的搬运工，可是这样无疑会增加机场的运营成本。

能否在减少乘客投诉率的同时又不增加机场的人工成本呢？机场聘请了美国管理学家斯蒂芬·罗宾斯出主意。罗宾斯进行了多次实地调研，向机场提出了一个看似简单的建议：增加出口到行李处行走的路线距离。改造后，乘客下飞机需要走 6 分钟到达行李处，再花费 2 分钟取行李。计算一下，拿到行李的总时间未变，还是 8 分钟，可这种路线的设计却巧妙地照顾了乘客的情绪，机场此后再也没有收到类似的投诉。

上述案例中斯蒂芬·罗宾斯的解决方案并没有包含什么尖端科技，也没有搞出什么惊天动地的壮举,但却实实在在地抓住了问题的本质,简单、高效、有创意地解决了问题。

我们都职责在身,如果公司暂时没有实力聘请第三方咨询机构或者专家来解决内部问题,我们应该承担起外部咨询顾问的角色,如果每个人都换位思考、深入现场、多角度沟通,就都可能自行解决自己岗位上的问题,但是这需要真创新、好好做。

1. 打破常规、创新思维

创新思维,是人脑对客观事物进行有价值的求新探索而获得独创成果的思维过程,是创新能力的灵魂和核心所在。我们在日常工作中的观察、发现、联想,解决为什么而创新、通过创新能赢得何种优势等问题都需要创新思维。把创新的想法付诸实施,更是需要创新思维全程分析、判断和验证。

创新思维是一种突破固化思维、不同过往的、能动的思考过程,是以超越常规的眼界从全新的视角观察、发现问题并提出独特而有效的解决方案的思维方式。

2. 学习能力、融会贯通

不同于一般的死记硬背,创新学习能力要求我们在学习相关知识时,不拘泥于书本,不迷信权威,结合工作的需要融会贯通。在漫长的职业生涯中,我们或主动或被动地参加各种培训,有些人还会选择考研为自己充电。可是,怎样让这些静止在纸上的学问化为我们真正的精神食粮,并融入自己的理解呢?我们需要借鉴采纳、独立思考、大胆探索,提出新观点、新思想、新方法。

3. 理论指导实践

这条真理永远不会过时。有些职场人士认为宝贵经验大多来源于工作中的实践,而并非得益于书本上的理论指导。有些则认为平时的工作已经很忙碌了,哪还有精力浪费在对工作没有直接帮助的理论学习上呢?然而,事实并非如此,创新并不是凭空捏造,离开了理论知识支撑,所谓的创新就会变成空中楼阁。如果我们平时就注重对相关专业前沿理论知识的学习,甚至对哲学、心理学、逻辑学等学科有所涉猎和钻研,那么,早晚会有厚积薄发的那一天。

4. 创新一定要符合职场的实际情况

只有能帮助公司解决现实问题的创新才能称为真正的创新。一切脱离实践需要的创新，都是伪创新，不但不能助力你笑傲职场，反而会使自己做无用功，最终也难以逃脱失败的结局。

从大处看，你要能清晰了解整个行业的发展趋势，对行业前景有精准的预判；从小处说，你必须熟知公司的历史、现状及发展脉络，对公司的内部环境和运营模式了然于胸，对公司的目标、文化、制度等烂熟于心，对公司产品的优势如数家珍，对产品的缺陷也要心中有数……这样，你才可能进行既符合市场需求，又满足公司预期目标的有效创新。

5. 创新需要一颗勇敢的心、一如既往的勇气

创新本身就意味着走出与以往不同的道路，意味着打破桎梏，建立新的规则。任何改变注定会受到既得利益势力的干涉和阻碍。初始时的艰难、维持时的低谷与彷徨、成功前的不确定性……这些都需要你忍受和承担。如果一味地谨小慎微、瞻前顾后、害怕失败，纵使开始的创新计划是正确的，也十有八九难以获得成功。因此，创新者必须能够坚持信念、不忘初心、始终如一。

6. 创新需要团结一切可以团结的力量

新事物的诞生注定不会一帆风顺，创新计划由想法变为现实，其过程必将是曲折和艰辛的。我们只有说服那些潜在的支持者，获得他们足够的人力、物力的支持，才能给予处于萌芽状态的创新计划以合适的成长环境，让它慢慢由一棵娇弱的幼苗长成参天大树。创新不能只靠自己的理想和一腔热血，没有足够支撑的创新计划很难实施。事实上，在制订创新计划时，我们就应该积极寻找有能力的、志同道合的伙伴，为创新成果的瓜熟蒂落保驾护航。

我们真正的创新能力，既要异想天开、壮志凌云，又需脚踏实地、一步一个脚印。

6.1
市场调研后再说大话

　　职场新手满腔热血，尤其在上司面前领任务时，生怕自己表现得不够积极，一激动大话就说出来了："我最擅长的就是开拓新市场，请领导放心，今年保证超额完成任务！""这类产品我最了解，策划案肯定能写得直击关键点，打动消费者！""我做了 10 年的人力资源工作，今年一定可以把公司的人力成本降低 20 个百分点。"然而，没有调查就没有发言权。

　　表决心的时候你可以壮志凌云、气吞山河，可如果事前没有经过缜密而细致的市场调研，没有任何现实依据，随意大放空炮，会有很大可能被熟知状况的领导贴上"信口开河""夸夸其谈"的标签。即便一时得到同样激动的上司的表扬，可那是建立在空中楼阁上的豪言壮语，哪里能结出丰硕的果实呢？诺言不能兑现最终会使自己在公司陷入尴尬的处境。市场调研后再说"大话"，是一种智慧。

　　美国吉利公司以为男士提供方便、舒适、安全的刮胡刀而闻名，在人们的印象中这家公司和女士用品风马牛不相及。可在拓展市场的过程中，吉利公司却选择投入巨资研发出女性专用的"刮毛刀"。这一决策看似荒谬，却是建立在坚实可靠的市场调研基础之上的。

　　吉利公司在决策前用一年的时间进行了周密的市场调研，发现在美国 30 岁以上的妇女中有 65% 左右为保持美好形象定期刮除腿毛和腋毛。这些女士除使用电动刮胡刀和脱毛剂之外，最主要还是靠购买各种男用刮胡刀来满足此项需求，而且在这方面的花费每年高达 7500 万美元。毫无疑问，这是一个极具潜力的市场。

　　依据调研结果，吉利公司精心设计了一款采用一次性双层刀片，便于妇女使用的、色彩鲜艳的弧形塑料刀架，握柄上压印雏菊图案的女性专用"雏菊刮毛刀"。为使"雏菊刮毛刀"能迅速占领市场，吉利公司还针对新产品拟定了几种不同的"定位观念"，比如突出刮毛刀的"双刀刮毛"，突出其创造性的"完全适合女性需求"，以及表明产品使用安全的"不伤玉腿"等，并广泛征求消费者的意见。

最终，公司根据市场调研反馈的信息，选择了"不伤玉腿"作为推销时的广告语。结果"雏菊刮毛刀"一炮打响，迅速畅销全球。

这个案例充分印证了市场调查研究是我们充分认识市场、了解市场需求、对市场做出科学分析判断的基础，是产品经理做出决策的前提。

在向上司做汇报前需要做好充分的准备，脚踏实地调查整个市场现状，敏感地捕捉对项目有用的信息，精确而周密地分析企业生产与市场需求之间的内在联系，探求市场潜在的规律。如此，你才能向领导提出真知灼见，帮助企业做出正确的经营决策，有预见地安排业务活动，带领团队向着正确的方向迈进。如果你在市场调研方面做足了工作，以有相当含金量的市场调研资料作为后盾，那么把目标定得远大一些又何妨呢？

市场调查有严谨的步骤，也有不少经过实践证明的有效方法。市场调查工作的七个步骤，如图6-1所示。

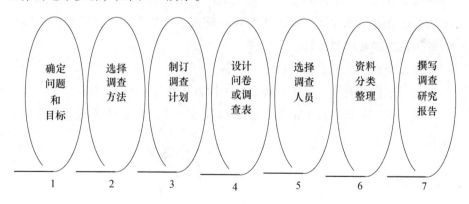

图6-1　市场调研的七个步骤

在市场调研过程中，一般采用八种调查方法，如图6-2所示。

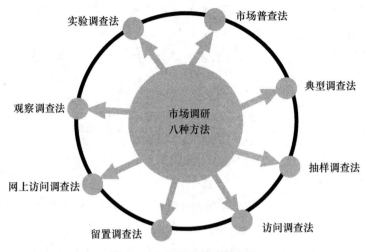

图 6-2　市场调研的八种方法

1. 市场普查法

市场普查法，是以市场总体为调查对象的一种调查方法，是为了了解市场某种现象在一定时空内的情况而进行的一次全面调查。市场普查法通常是由专门的普查机构来主持，需要组织统一的人力和物力，确定调查的标准时间，提出调查的要求和计划。

优点：全面、准确、相对稳定。

缺点：工作量太大，耗费大量人力、物力、财力，调查时间长。

所以，一般而言，对于市场普查调研报告，我们拿来或者购买来使用其结论就可以了。

2. 典型调查法

典型调查法，是根据调查目的和要求，在对调查对象进行初步分析的基础上，有意识地选取少数具有代表性的典型单位进行深入细致的调查研究，借以认识同类事物的发展变化规律及本质的一种非全面调查方法。仅仅针对竞争对手的调查也属于这种方法。

优点：节省人力、物力，节省时间。可以迅速地取得调查结果，反映市场变动情况比较灵敏。调查可以做到深入、全面、细致。

缺点：选择典型单位时没有筛选的标准，难以避免主观随意性。

3. 抽样调查法

抽样调查法，是为了特定的市场调研目的，根据概率分布的随机原则，从调查总体中抽取一部分单位作为样本而进行的一种非全面调查方法。主要适用于消费量较大、涉及面较广的产品或者服务的调研。

优点：调查方式科学，主观影响小，节省费用，省时省力，调查结果准确性高。

缺点：抽样技术方案设计要求高，对调查人员的专业性要求高。

4. 访问调查法

访问调查法，是通过调查者与被调查者面对面交谈以获取市场信息的一种调查方法。询问时可按事先拟定的提纲顺序进行，也可以采取自由交谈的方式。主要的种类有面谈调查法、邮寄调查法、电话调查法等。

优点：访问程序可以标准化。具体访问时调查者可以采取灵活的方式，既可以对访问的环境和被调查者的表情、态度进行观察，又可以对被调查者回答问题的质量加以控制，从而使得调查资料的准确性和真实性大大提高。

缺点：访谈成本高，对调查者的要求较高，调查结果的质量很大程度上取决于调查者本人的访问技巧和应变能力。调查周期较长，拒访率较高。

5. 留置调查法

留置调查法，是指将调查问卷当面交给被调查者，说明填写的要求，并留下问卷，让被调查者自行填写，由调查人员定期回收的一种市场调查方法。

优点：回收率高，受访者可依据自己的时间从容作答，可回答耗费时间较长或当面难以回答的问题。

缺点：调查地域范围有限，不利于对调查人员的管理监督。需要调查者委托调查及回收问卷两次访问，成本略高。同时，难以确认是否为受访者本人的真实回答。

6. 网上访问调查法

网上访问调查法，实质是传统的访问方法和现代网络技术的结合，又称为互联网直接调查法。可以分为网上问卷调查、网上实验法和网上观察法，常用的是网上问卷调查法。

优点：辐射范围广，信息反馈及时。匿名性很好。对于一些不愿在公开场合讨论的敏感性问题，在网上可以畅所欲言。费用较低。

缺点：网上访问调查需要一定的网络技术支持，所获信息的准确性和真实性难以判断。

7. 观察调查法

观察调查法，是指调查者利用自身的感官或借助仪器设备观察被调查者的行为活动，从而获取市场信息资料的调查方法。它不通过提问或者交流，而是系统地记录人、物体或者事件的行为模式的过程。当事件发生时，运用观察技巧的市场研究员见证并记录信息，或者根据以前的记录编辑整理证据。

优点：观察者和被观察者直接接触，能及时获得生动朴素的第一手资料。观察者可以对被观察者作较长时间的反复观察和跟踪观察，分析观察对象的行为动态及演变过程。

缺点：只能反映客观事实的发生过程，而不能说明其发生的原因和动机。只能观察到一些表面现象和行为，不能反映私下的行为。难免带有主观性和片面性。需要一定的专业性，需要记录翔实，费时费力。

8. 实验调查法

实验调查法，是指市场实验者有目的、有意识地通过改变或控制一个或几个市场影响因素的实践活动，来观察市场现象在这些因素影响下的变动情况，认识市场现象的本质和发展变化规律。是一种具有实践性、动态性、综合性的直接调查方法。

优点：能够在市场现象的发展变化过程中，直接掌握大量的第一手资料。能够揭示或确立市场现象之间的关系。具有可重复性，结论具有较高的准确性。

缺点：实验对象和环境的选择不具有充分的代表性。实验调查的结论带有一定的局限性。对调查者的要求比较高，花费的时间也比较长。

需要强调的是，每种市场调查方法，都有其调查重点、适用范围以及特有的优点、缺点，我们可以进行比照之后择其优者而采之。当然，根据工作需要，可以使用某一种方法，或者两种、多种方法的组合。

6.2 工作汇报带两个方案

不止一家企业老板的办公室门口有这样的标识：敲门前请确保你带好了两个方案。

具体而言，工作汇报，又称工作报告或情况报告，是员工向领导陈述情况的公文之一。汇报问题的实质是求得领导对自己方案的批准，而不是问上司如何解决这个问题。换言之，工作汇报不是把责任推给他人，不是"事情就是这样的，你看怎么办吧？"工作汇报是让领导做选择题，工作汇报要设计，要掌握汇报的技巧。

关于毛泽东听汇报的特点，曾任山西省委第一书记的陶鲁笳深有感触："毛主席听汇报，最不喜欢汇报人念稿子。他最喜欢听那种开门见山，反映新情况，提出新问题，发表新见解，有虚有实，以虚带实的汇报。对于新问题、新观点，毛主席总是以高屋建瓴、势如破竹的风格，借题发挥，大发议论，谈笑风生，古今中外，无不涉猎，使人感到自己的思想境界，跟着毛主席的宏论而拓宽了、提高了，使人感到每次汇报的过程，就是一个提出问题、讨论问题、解决问题的生动活泼、高潮迭起的过程。"

换句话说，工作汇报直接关系到一个单位、一个部门在领导或同行眼中的形象，直接体现汇报者的政策水平、决策能力和工作作风。工作汇报成功了，不仅汇报者可在领导的心目中留下良好的印象，甚至可以说，通过一些重要场合、重要内容的汇报，汇报人可以争取到平时花很多精力都难以得到的相关政策支持。

1. 工作汇报主题设计

工作汇报的主题起到提纲挈领、引领全文的作用。为了充分发挥工作汇报主题的这一作用，在提炼主题时应注意以下事项，具体如图 6-3 所示。

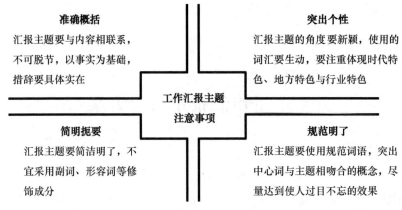

准确概括

汇报主题要与内容相联系，不可脱节，以事实为基础，措辞要具体实在

突出个性

汇报主题的角度要新颖，使用的词汇要生动，要注重体现时代特色、地方特色与行业特色

工作汇报主题
注意事项

简明扼要

汇报主题要简洁明了，不宜采用副词、形容词等修饰成分

规范明了

汇报主题使用规范词语，突出中心词与主题相吻合的概念，尽量达到使人过目不忘的效果

图 6-3　工作汇报主题设计

2. 工作汇报材料整理

（1）要注意对材料的分析研究。调查之后，必须认真研究材料，寻找事物发展的规律。分析研究材料，一般按照四个步骤进行。

> 把调查收集的材料分门别类，按问题的性质分类、集中。
> 运用科学研究方法，将分类、集中的材料逐一进行研究，或推导原因和结果，或寻求个性和共性，或透过现象看本质，或揭示事物发展规律，并分别归纳观点。
> 找出各个观点之间的内在联系，并按逻辑顺序排列起来。
> 选择最能说明同一观点的材料，集中放在观点之下。研究的科学方法常用的有因果推导、归纳和演绎、分析和综合、比较和创造性思维方法等，其中分析和综合是最基本的方法。

（2）要注意使用与观点相统一的材料。工作汇报一个重要的特点是用事实说话，也就是汇报人的观点、主张、见解等是从对事实的分析、归纳、综合、概括得出来的。因此，工作汇报的材料必须说明观点，观点必须统率材料，做到观点和材料的统一。

3. 工作汇报布局原则

工作汇报布局是围绕主题或总标题独具匠心地安排内容结构。工作汇报的内容布局应注意以下事项。

> 紧贴主题。工作汇报布局无论是安排材料、选择客观时事环境，还是综合考虑组织内部发展需要等，都应当以主题为中心。

> 简要原则。无论横向分类，还是纵向分层，都要以简单明了为主，不舍本逐末，不繁文缛节。不用同类事实材料堆砌，做到配套统一，协调和谐。

> 科学合理。工作汇报布局要完整有序，既不多出子项，也不少了关键事项。做到不矛盾、不重复、不颠倒、不交叉，即分项在同一个层次，分层次在同一个门类进行。从实际需要出发，符合事物基本构成和本质规律。

> 严谨规范。工作汇报布局合理、结构严谨，使整个汇报全面、完整、新颖。

4. 工作汇报语言注意事项

工作汇报语言直接体现了工作汇报的文风，反映了汇报人的思想作风、学风、工作作风和领导作风。

避免冗余语句。工作汇报中语句不够精练，不能言简意赅、准确严密地表达，导致词语重复、累赘，句子杂乱无章。

避免开头结尾空话和套话。不少工作汇报在一开头便是"在××的亲切关怀下，在××的正确领导下……"使工作汇报内容空洞、八股陈调，是一种十分有害的文风。

避免用语与工作汇报不符。不同的文种，用语不同。工作汇报作为上行文，不应当出现指导、指示的口吻，而应当是实事求是、尊重礼貌的口吻。

另外，工作汇报细节的检查也是汇报人写作工作汇报时需要注意的事项，因为一个标点符号、一个错别字都会影响汇报的准确性、完美性。

5. 标点符号的规范使用

标点符号正确使用，是工作汇报语言规范化的起码要求。标点符号使用错误，不仅直接影响公文的质量，还会影响个人的形象以及所属单位、部门的形象。对于不注意工作汇报中标点符号规范使用的问题，要给予足够的重视。

工作汇报中标点符号使用的规范与否，是衡量汇报人文字功底的重要标准之一。工作汇报中标点符号能够使用得准确无误，是汇报人一贯重视标点符号的使用规范并经过长期修炼的结果。

6. 数字使用的准确无误

工作汇报中数字使用的准确无误主要涉及以下内容。

避免年平均增长率与平均增长百分点混淆、混用。

避免增长倍数和甲是乙的几倍混淆，未准确表述。

避免把下降几成，说成几倍。

避免滥用没有绝对数的增长百分比，即对一个事物的增长数，只单独交代一个百分比，而不交代任何一个绝对数是多少。

避免数字本身未经核对就使用，这也是数字使用准确的关键。

最后，工作汇报涉及的人名、地名是否准确，在文中多次提及的法律及相关规章制度是否应该使用简称、简称是什么等都需要进行核对。

6.3
述职强调问题解决能力

公司请你来是解决问题而不是制造问题，如果你不能发现问题或解决不了问题，你本人就可能成为一个问题。

👉 小李，秋招一路过五关斩六将，终于拿到某知名投行 Offer，却在入职不到两个星期时被辞退了。她认为入职以来，自己一直尽心尽责工作，完成本职任务之余，还常常向领导提出项目存在的很多问题。例如：

(1) A 项目的时间节点超出了，他们还没有采取动作；

(2) 这个明明是 B 部门的责任，为什么要我来承担；

(3) C 项目已经超出已有成本，再这样下去这个项目就亏本。

……

一开始领导会很耐心地倾听，听到这些问题时，领导还会询问小李："你觉得应该怎么解决呢？"小李顿时哑口无言。

久而久之，同一问题被小李抱怨了不下十遍，却从来不提及问题该怎么解决，领导越来越反感小李。后来，部门里的老同事也对小李颇有微词，纷纷背地里向领导"打小报告"，认为小李不仅给团队带来负能量，还严重耽误了项目进度，得罪了客户。领导见机行事，将小李叫去人事部门做实习考核，不到三天就收到了辞退信。

面对这突如其来的变故，小李又向身边朋友埋怨："我对项目做出了那么大贡献，领导却视而不见，好端端的职业规划和晋升梦，被一群恶意针对的老同事和无能的领导给扼杀了。"

为什么会这样？小李顶着一脑门子问号，无奈之下去求助自己的原领导，领导的一席话让她茅塞顿开。

在竞争激烈的职场，人们更多面对的是"怎么办"而不是"对不对"的问题，我们缺的不是抱怨者，而是能够分析问题、解决问题的职业精英。

因为趋利避害的天性，人很容易陷入"先抱怨后反思"的惯性思维里，我们身边都不乏这样的职场"祥林嫂"，处处表达自己的不满，却提供不了任何解决方案。如果你擅长提出建设性意见，且执行力够强，就会在团队中不断凸显价值，成为金字塔顶端的职场高手。

你能解决多大的问题，你就坐多高的位子；你能解决多少问题，你就能拿多少薪水。

归根结底，公司录用你，就是找你做事的。让解决问题的人高升，让制造问题的人让位，让抱怨问题的人下课，这几乎成为现代职场的铁律。

1. 绘制问题的判断路线

所谓问题，就是应有现象和实际现象之间所存在的差距。通过调查、收集和整理有关的信息，发现差距，明确奋斗目标，是解决问题的起点。

解决方案的正确与否首先在于问题判断是否准确。未来的职场大咖们对问题的观察和判断可以利用图 6-4 所示的思维方式，确保问题更加细致和全面。

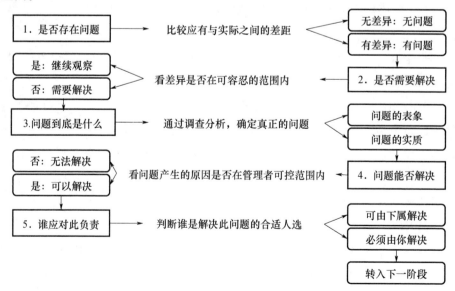

图 6-4　问题判断的路线

确定是否存在需要解决的问题。发现问题的有效办法是将现状与理想情况加以比较，若两者之间存在差异，管理者就可判断出面临的问题。

确定问题是否需要解决。大多数问题是没有必要采取相应措施加以解决的，而应将精力和资源集中处理那些相对重要的问题。判断问题是否需要解决的方法是看问题是否在管理者可容忍的范围之内。

确定问题到底是什么。这需要透过问题的表象，找出妨碍目标实现的阻力或出现差异的原因。找到问题的根源，才能对其进行分析，才能提出有效的解决方法，为正确决策奠定基础。

确定问题是否能够解决。决策是为了解决问题，在所要解决的问题明确以后，应确定问题是否能够解决，是否存在一些客观因素限制问题的解决。如果问题产生的原因在管理者的有效控制范围内，则问题是能够解决的。

确定应由谁来负责。其中，管理者有责任推动并监督问题的解决。注意应根据问题的实质及其原因的分析来确定合适的人选，使问题能被合适的人在恰当的时间予以解决。

2. 撰写并检验述职报告

述职就是对你以往工作的回顾、总结，对今后工作的展望。述职报告作为一种应用文体，在写作时应注意主体部分内容的系统性与针对性、逻辑思维的主导原则和撰写的顺序，当然，最重要的是以界定问题、分析原因、提出解决方案为前提。

述职报告的撰写，在流程上应当按照六个步骤来安排，以便现场述职时有逻辑。

步骤一：提出问题。述职人审视自己的岗位职责是什么，履行职责的工作能力如何，职责是怎么履行的，称职与否，有什么经验或不足等。

步骤二：分析问题。述职人对以上提出的问题进行分析，列举相关事实依据，进行论证。

步骤三：解决问题。通过分析问题，事实论证，对提出的问题给出相应的解决方法。

步骤四：结果及分析。就目前本职工作执行的结果进行总结，并分析、自评结果完成情况。

步骤五：不足与建议。对自己工作中的不足之处及自己能力的缺陷等进行点评。

步骤六：前景与展望。对本岗位工作职责的未来打算及预期。

述职报告的检验，主要需要关注五个问题，如图6-5所示。

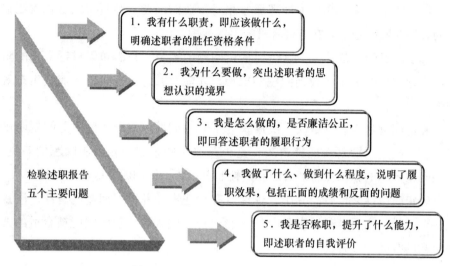

图6-5　述职报告检验的五个主要问题

3. 述职时的语言表达艺术

述职者在演讲时，必须善于运用语言来表达思想、交流感情、传播信息。语言表达是述职者思想观点、学识理念等内容的直接体现。这就要求述职者在进行语言表达时要掌握一定的规律和技巧，努力做到善说与会讲。述职者语言表达中应做到以下六个关键点。

（1）针对性。在进行语言表达时，述职者应根据不同的场合、不同的对象、不同的目的，有针对性地选择话题、语言材料和表达方式，以达到预期的效果。

（2）多样性。述职者应根据不同的情境，灵活运用多样性的语言表达技巧，如幽默法、委婉法、暗示法、模糊法等。

（3）情感性。情感是有声语言表达的核心支柱。述职者的语言应当具有很强的情感性，以使其具备感染力和鼓动力。情感性的语言应该真诚、质朴，切忌渲染和夸张。

（4）思想性。述职者的语言要有思想性，空洞的不具有内容和思想的语言是不能打动组织成员的。

（5）逻辑性。述职者要有较强的语言组织能力，述职者滔滔不绝地、没有逻辑、没有重点的语言，让上级领导感觉比较迷茫，对工作的有效进行会造成影响。

（6）丰富性。述职者的语言要有丰富性，具体表现为：词汇丰富（描绘性的、富有表现力的、准确而生动的词汇）、句式丰富（单句、复句、陈述句、感叹句等）、修辞丰富（比喻、拟人等）、节奏丰富（抑扬顿挫、高低起伏）。

大咖案例：海尔人人是创客

所谓创客，就是自主创业者。而在企业内部鼓励自主创业，听着确实有那么一丝惊世骇俗，这样的员工还怎么管理呢？还怎么能保障他们把精力用到工作岗位上去呢？

对此，海尔张瑞敏却有自己独特的见解。他觉得时代的变迁使得每个人都要成为创客，不成为创客就没有办法生存。不是你想不想变的问题，而是必须要变，越早变越好。企业给员工提供合适的创业土壤，让他们既能挑战自己、积攒宝贵的经验、增加收入、实现最大价值，同时又能为企业旗下的产品打开更广阔的市场，何乐而不为呢？

"人人创客"，在海尔，它并不是一句空洞的口号，海尔打造了一个实实在在的"人人创客"平台。海尔官网上明确地标注了它的定义：以海尔全系商品为依托，旨在精选海尔家电精品、爆品，并通过人人创客模式创新搭建利益共享的生态圈，为创客搭建专属的"零成本创业平台"，提供自主创业良机，实现人生梦想，实现用户、创客、海尔集团、创客平台多方共创共赢。

对创业感兴趣的海尔员工只需下载创客手机 App，获得企业授权账号和密码，就可以经营属于自己的海尔产品微店。在平台上员工还能主动发展二级销售团队，成为带领大家开拓可能产品的领导者。海尔非常重视创客平台，并从产品、物流、售后等各方面给予支持。比如最新的冰箱、彩电、洗衣机等无条件全面供给，官方的日日顺物流负责快速配送，安装调试完全免费，而在创客平台下单的产品，也将无条件获得海尔的七星级售后服务。

更重要的是，海尔内部为创业的员工准备了专业、免费的创客阶梯培训，帮助这些创业者们学习创业知识，积累创业经验。而创客平台专属的丰厚佣金奖励制度，更是成为海尔员工放开手脚创业的最佳动力。

"人人创客"是海尔自我的突破，也是公司管理模式上的创新。海尔"人人创客"平台风生水起的背后，是海尔与传统制造模式"决裂"的坚定信念。海尔管理层把"互联网＋"的创新精神真正融入企业的日常经营中。把过去因为信息不对称而割裂的企业内部员工与外部用户融为一体，体现了互联网社会零距离、去中心化、分布式的精髓。

其实，像海尔这样鼓励员工创业，不担心员工因此影响手头工作，并且还为员工提供创业平台的企业很多，从公司运营和人力资源管理的角度解决很多大问题，同时，也为工作之余还有旺盛精力的精英提供了更多成就自己的机会，必须点赞。但是，招聘面试时听到候选人有创业经历马上PASS，上班不允许员工带手机不能发朋友圈，对于有兼职想法、单干想法的员工马上将其列入黑名单的公司也不在少数。

那么，我们那颗创新创业的澎湃的小心脏该如何抚平呢？我们那份想干一点儿又不用担心"干得越多问题越多"的激情又该如何释放呢？要不就真的辞职全身心投入创业的浪潮中；要不就在现有平台施展法术，主动发现问题、创新解决问题；要不就自己推荐自己，承担岗位职责之外更多的任务；要不就组建虚拟项目团队，主动替公司拿项目；要不就站在老板的角度换位思考，不在其位却谋其职……

但可以肯定的是，无论你的过去多么辉煌，只有不甘于躺在之前的功劳簿上，抛下包袱、全面拥抱崭新的理念和技术，才能走向更辉煌的未来。

你还有什么更好的想法吗？

第 7 章

权变领导：高效能主管样板

权变理论，是在经验主义学派的基础上发展起来的管理理论，主要代表人物有美国的弗雷德·卢桑斯、英国的汤姆·伯恩斯和琼·伍德沃德等。

美国内布拉斯加大学教授卢桑斯在《管理导论：一种权变学》中提出：权变理论，注重考察内外环境的有关变数与对应的管理观念和相关技术的关系，其中，环境可以看作是自变量，而管理观念和技术可以看作是因变量。二者存在函数关系，也就是作为因变量的管理观念、技术随着自变量环境的变化而变化。

"权变"即权衡变化、随机应变，"权变领导"是具体情况具体分析、具体处理、因地制宜、因事制宜。权变领导的理念是：任何事物都不可能一成不变，事物发展均是动态的，普遍适用的、理论化的管理工具与领导技术是不存在的，企业管理实践应根据内外部环境的变化而随机应变，针对不同的情境、现场匹配最适合的处理措施或方案设计。

也就是说，所谓放之四而海皆准的、"最好的"领导方式是不存在的，领导方式、领导风格的匹配没有固定不变的模板、模式。在这里，我们需要探讨的是高效领导的权变模式，或者说，懂得在企业发展的不同时期、针对不同的团队和下属采取不同解决措施的领导才是权变领导，才是高效能的主管。

7.1 | 所有管理者都应该是领导者

一个管理者，同时也是一个领导者。一般的管理者可以运用职权命令他人做事，但不能影响或者妨碍下属的工作；而有的人虽然在组织中没有被授予任何官方职权，但是却可以以其个人影响力和魅力去影响他人的工作，这样的人就是领导者，但不一定是官方的管理者。

沃伦·本尼斯（Warren G. Bennis）指出："为了在 21 世纪中生存，我们需要新一代的领导者——是领导者而不是管理者。"并且，他在自己的著作《领导者：掌管的五大战略》中指出，相对于管理而言，领导是全方位的，领导的职位对所有人都是敞开的。他还指出，领导者应具有的四项能力分别是：注意力管理、意义管理、信任管理和自我管理。

一般而言，要达到组织的最佳绩效，领导与管理同样重要。在理想的条件下，所有的管理者都应该成为一名优秀的领导者。但是，二者还是有所不同的，管理者与领导者的区别具体如表 7-1 所示。

表 7-1　管理者与领导者的九大区别

管理者特征	领导者特征
制订计划和预算	设定方向和战略
组织和调控人员	团结所有成员
控制和解决具体问题	建设激励机制和鼓舞人心
短视的	前瞻性的
集中于系统和结构	集中于人力资本
询问如何和何时	询问是什么和为什么
复制和模仿	起源与创造
维持	发展
正确地做事	做正确的事

可见，管理者与领导者是不同的，同样，管理与领导的艺术也是不一样的。一个优秀的领导者应该在适合的地方、适合的时间，对适合的人，采用适合的领导方式、方法与技术。

1. 事务型 & 变革型

事务型领导者通过明确角色定位、职责分工和任务要求来引导、激励团队为实现工作目标而努力，下属接受、遵从领导的指示，以换来相应的肯定、奖励、资源支持，或者避免惩罚，从而进行有效的工作。

变革型领导者以明确的目标，引导下属完成任务的同时，还强调通过对下属的关怀，引导、改变下属的工作态度、做事习惯和价值观等，鼓励下属能够为了组织的利益而超越自身利益，为实现组织目标而更加投入地工作。

变革型领导是在事务型领导方式的基础上发展而成的。在特定情况下，变革型领导优于事务型领导，变革型领导更可能达成低离职率、高生产率和团队高满意度的目标。

2. 专权型、民主型 & 放任型

典型的领导方式，通常可以分为三类，即专权型领导、民主型领导和放任型领导。

专权型领导是由领导规定团体目标，制定并分配工作任务，靠官方授予的权力和强制性的命令进行领导，下属必须奉命行事。该方式靠行政命令催促下属工作，靠惩罚维持权威，靠纪律约束下属行为。

民主型领导是领导者与团体成员共同对将要采取的行动、步骤和决策等进行商议，充分发挥了团体成员工作的积极性和自动、自发意识。

放任型领导是指领导者向下属充分授权，下属根据工作任务，完全自主地做出决策。而领导者的任务更多的是给下属提供必要的资源支持。

在企业管理实践中，很多领导者的领导方式往往是介于专权型、民主型和放任型之间的，较少出现极端的领导方式。

3. 以任务为中心 & 以人为中心

以任务为中心的领导方式，主要关注下属的工作任务、工作效率，重视组织设计和岗位职责关系，在明确的工作目标、具体任务的前提下，关注下属的产品质量、服务态度等。这种方式的特点是注重任务的完成，而忽视人的情绪和需要。

以人为中心的领导方式主要侧重于对组织成员的关怀，强调建立相互信任的氛围和工作环境，注重发挥组织成员的积极性、主动性和创造性，珍视组织成员的自尊，尊重成员的意见或建议。

7.2 管理者角色&多元化管理

1. 管理者角色

　　管理者履行管理职能时需要扮演不同的角色。20 世纪 60 年代，亨利·明茨伯格（Henry Mintzberg）通过对五位总经理的工作进行仔细观察和研究，提出管理者在管理活动中扮演的十种不同但却高度相关的角色。这十种角色归入三大类：人际角色（挂名首脑、领导者、联络者），信息角色（监听者、传播者、发言人），决策角色（企业家、混乱驾驭者、资源分配者、谈判者）。

　　人际角色，即挂名首脑、领导者和联络者。其中，挂名首脑是象征性的头领，必须履行法律性的或社会性的例行义务。领导者负责组织、引导和激励下属，以及完成团队匹配、培训开发和人际沟通等职责。联络者维护内外部关系网络，向人们提供各类数据和信息。

　　信息角色，即监听者、传播者和发言人。其中，监听者作为组织内外部信息的寻找、获取和管控者，需要主动出击，以便掌握组织与环境的变化。传播者将获得的与工作相关的数据、资料和信息传递给组织高层和团队成员。发言人向外界发布经过批准的有关组织的规划、计划、策略和行动方案等信息，作为组织对外的形象代表。

　　决策角色，即企业家、混乱驾驭者、资源分配者和谈判者。企业家识别、抓住组织和环境中的机会，制订改进方案、引导变革、排除阻力。混乱驾驭者负责组织事前预防、事中控制，以及当组织面临重大的、意外的危机时采取事后补救措施。资源分配者负责整合、分配组织的各种资源，优势互补、形成合力。谈判者则在内外部谈判中作为组织的代表。

2. 管理者的技能

罗伯特·卡茨（Robert L. Katz）研究总结出了管理者需要的三种基本技能，即技术技能、人际技能和概念技能。

技术技能，即管理者需要掌握的特定专业领域中的产品生产过程、作业惯例清单、安全规程、相关技术和配套工具使用的能力。

人际技能，即与组织内外的合作者交往，并可以实现良好沟通的能力。

概念技能，即产生新创意并加以利用，以及将事物抽象化的思维能力。

不同层级的管理者，职能不同，在工作事务上花费的精力也不一样，这三种技能对各层级管理者的要求和实践操作也是不一样的。基层管理者主要需要的是技术技能与人际技能，中层管理者更多地需要人际技能和概念技能，高层管理者则需要较强的概念技能。

3. 多元化管理

罗宾斯在《管理学》一书中，将成员的多样性定义为：使组织中的成员彼此不同或相似的所有方法。其中，可以将组织成员的多样性特征分为表层多样性和深层多样性，表层多样性（Surface-level diversity）指的是人们的惯性思维会立刻想到的、容易被人们观察到的特征，如年龄、种族、性别等；深层多样性（Deep-level diversity）是指反映人们思考或感知的差异特征，如价值观、性格、偏好等，它们会影响人们如何看待组织的管理模式、工作制度、奖励等内容。

（1）组织成员多样性可以对组织的战略、绩效和人力资源管理等带来利益。

（2）组织成员的多样性可以使组织获得不同组织成员的技术、能力和经验，多元化的队伍能够从不同的视角提出问题、解决问题，有利于为组织产生有创造性的解决方案。组织为实现组织成员的多元性而付出的努力和提倡的组织文化，能够为组织吸引和维持有才华的队伍。

（3）组织成员的多样性能够丰富组织解决问题的能力，提高组织管理系统的灵活性，还在一定程度上降低组织成员的辞职率和缺勤率等。

（4）多元化的队伍能够为组织带来独树一帜的见解、多元化的视角等，能够更好地预见和应对不断变化的客户需求，有利于营销计划的顺利开展；

员工在多元化的组织队伍中容易激发思想火花，感受浓厚的创新氛围；组织中的文化多样性、知识多样性等能够为组织提供适应环境所需的灵活性和创造性等。

（5）组织成员的多样性，要求组织应对其进行多元化管理（Managing diversity），管理者应该把组织成员的多样性视为一种汇聚不同声音和视角的珍贵资源。

在平等的就业机会面前，多元化管理的基本原则是：认识到不同组织成员的不同需要，诚心地接受和客观地评价不同的组织成员，为组织成员提供多元化的培训，设计其职业发展和提升管理技能的多元化方案，以满足组织成员的多样需求，实现组织效能的提升。

4. 高效授权

授权（Empower）是指根据组织成员所任职位，以及具有的知识、动机和能力等，赋予他们一定的权力，并将权力下放给他们。

授权可以是将某些职能转交给下属，也可以是将某项特殊任务的处理权交给下属，下属完成任务后可收回相应的权力。被授权的下属在获得权力的同时，还应获得一定的资源，以便于决策更好地实施。

主管高效授权应坚持原则性，如图 7-1 所示。

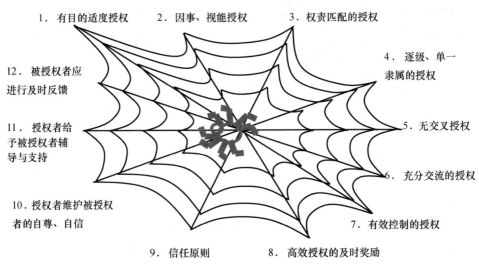

图 7-1　主管高效授权的 12 项原则

　　有效授权对主管、下属和组织的发展都是有益的。对于主管而言，有效授权使其职责释放而有更多的时间去做更重要的工作；有助于缓解其工作中的压力，绩效更佳；有助于其抽出时间学习新的技能，实现自我发展。对于下属而言，有效授权能够为其提供学习与成长的机会；有助于增强下属的自动自发意识和成就感；有助于工作细分，以便实现专业化；能够锻炼其才干，有助于组织发现具有提升潜能的人才。对于组织而言，有效授权有助于增进组织的团队绩效和整体效能。

7.3 / 登门槛效应&变革型领导

　　登门槛效应，也称为寸进尺效应（Skips threshold effect, Foot in the door effect），是指一个人只要接受了他人的一个小小要求，为了达到认知上的协调，或想给他人留下行动一致的印象，今后就有可能接受更大、更难的任务。这种现象，犹如爬楼梯一样，台阶只有一级一级地走，才能登上高层。

　　心理学家认为，一般情境下，员工都不愿意承接难度较大的工作任务，因为它费时、费力又难以做出成绩；相反，大家更乐于做较易完成的任务，在实现了一个小目标、收获成功的喜悦后，才会慢慢地承接更难、更重要的工作，这就是"登门槛效应"对人产生的重大影响。明代洪自成也曾谈到这种现象，他在《菜根谭》中说："攻人之恶勿太严，要思其堪受；教人之善勿太高，当使人可从。"

　　👉 20世纪60年代，美国两位社会心理学家弗里德曼和弗雷瑟，做过一个实验。研究分为三个阶段，首先，由两个大学生挨家挨户向家庭主妇们请求一个小小的帮助，即在一份由"安全委员会"提出的"呼吁安全驾驶"的请愿书上签名，大家都做到了。其次，等到过一段时间，即两周以后，由原来的两个大学生重新去联络那些家庭主妇们，希望她们能够同意在其前院立一块不太美观的"谨慎驾驶"大告示牌。实验结果统计，之前在请愿书上签过名的大部分人（55%以上）都同意立告示牌，而之前未签名的主妇，只有不足17%的人接受了这一要求。这个实验又一次验证了"登门槛效应"的存在及其重大影响。

　　所以，领导者在给一个新人分配某件较难的工作任务而又担心他不愿意做的时候，可以先要求他做一件相似的、较容易的事情。在职场中，智慧领导给下属分派工作任务时，不要一下子就对他们提出很高的目标或严苛的要求，而是要先提出一个比过去稍有难度的小要求；当他们达到这个小要求后，再称赞、奖励，逐步给其制定更高的目标和工作标准。只有经过这样一个过程，下属才更容易接受和实现大目标，尤其是领导者在进行改革的时候，更需要如此缓进。

在领导理论中，变革型领导（Transformational leadership）占有重要的一席之地，这是伯恩斯（Burns）的经典著作《领导》（*Leadership*）提出的。他认为，变革型领导是通过领导者与团队成员的互动，把道德、工作动机和职业素养提升到较高层次的过程；变革型领导者，能够激发追随者的积极性从而更好地促进两者共同目标的实现。

伯恩斯认为，变革型领导者在组织变革过程中可以做到：注重激发团队成员内在的动机和正能量；引导下属将其需求层次提升到自我实现的高度；通过提出自由、正义、公平及人道主义等更高的理想和价值观，唤起并协助下属满足较高层次的内在需求。

后来，巴斯（Bass）发展了伯恩斯的研究成果，提出了变革型领导理论。他将变革型领导划分为四个维度，即理想化影响力、鼓舞性激励、智力激发和个性化关怀。

1. 理想化影响力（Idealized influence）

理想化影响力，是指能够使组织成员产生信赖、崇敬和追随的行为、魄力和魅力。变革型领导者一般需要具备公认度较高的职业道德标准和个人魅力，并受到下属的信赖和尊敬。

2. 鼓舞性激励（Inspirational motivation）

鼓舞性激励，是指变革型领导者应用团队共识和情感要素来提升团队的凝聚力，擅长激发组织成员的工作动机，长于描绘组织愿景和工作目标，运用积极乐观的态度唤起组织成员的工作积极性，真诚地向团队成员传达组织对他们的高期望值，使他们对未来的发展充满信心，进而产生强向心力和团队协作精神。

3. 智力激发（Intellectual stimulation）

智力激发，是指鼓励下属创新、挑战自我，启发大家发表新见解，创新地提出解决问题的新方法与新途径，鼓励下属用新手段、新工具解决工作中遇到的各种问题。

4. 个性化关怀（Individualized consideration）

个性化关怀，是指变革型领导者就像企业教练或管理咨询顾问一样，引导、帮助组织成员在一次次解决难题的过程中快速成长。在训练和咨询过程中，变革型领导者关怀每一位下属的诉求，关心他们的需求和能力提升，可以耐心细致地倾听，并对下属进行有针对性的引导、支持和激励，以使他们获得全面发展、持续成长。

智慧工具：磋商 & 工作理事会

共同磋商（Joint Consultation），是指企业团队领导为构建和谐员工关系，在做出决策之前，先征询员工的意见或建议，但无须获得员工或其他代表同意的决策流程。

一个好的领导必须有共同磋商的态度和执行力，也可以通过组建工作理事会的方式实现共同决策。

工作理事会，是指企业通过与高级管理者、团队领导、专业技术人员和其他骨干员工等进行沟通并征询其建议之后，进行决策的一种方式。

将共同磋商和工作理事会两种方式进行比较，其内容要点和作用意义，具体如表7-2所示。

表7-2　共同磋商和工作理事会

员工参与管理形式	内容要点	作用意义
共同磋商	1. 管理者向员工提供能够影响其利益的提议 2. 员工对工作的组织方式、工作条件、人事政策、工作程序等方面的烦恼困惑提出自己的意见 3. 共同磋商并非权利分享，员工不会参与策略性政策的制定，如投资、产品开发、合并或接管等	1. 使双方在思想上和行动上能够寻求更大的一致 2. 是一种合作的表现形式，也是冲突化解的渠道 3. 能局部地协调员工关系 4. 能够减少员工不满、体现企业民主姿态
工作理事会	1. 与公司级别的磋商委员会职能大致相同 2. 成员身份更为广泛，包括高级管理者、团队领导、专业技术人员和其他骨干员工，能够覆盖企业内部多数成员	1. 在员工与雇主之间建立一个桥梁，能够将工人利益和公司利益结合在一起，共同承担风险 2. 通过吸收员工的经验和观点提高决策的质量

质量圈（Quality Circle），也称为品质改善小组，是指从事相关工作的同事组成的小组，在训练有素的领导者组织、安排和指导下定时聚会，以讨论的方式提出工作改善方案的活动。

建议方案，是一种良好的沟通方式，鼓励员工提出意见和建议，以提高企业整体效益的方式。合理化建议方案的采纳能够提升员工参与的积极性和创造性。

质量圈和建议方案都是向企业提供对策和意见的方式，二者内容要点如表 7-3 所示。

表 7-3　质量圈和建议方案

员工参与管理形式	内容要点
质量圈	1. 给予员工更多运用他们经验和知识的空间，为他们提供展现智慧的机会 2. 员工能够在提供建议的过程中获得满足感，有助于增进企业与员工之间的沟通 3. 高层管理者相信质量研究小组的价值并支持他们的研究成果，中层管理者和团队领导也必须加入到他们的研究成果推行中
建议方案	1. 企业需要具有提交和评估各种建议和意见，并奖励有功人员的正式程序，如意见箱、意见表格等 2. 管理者和团队领导应鼓励下属提供建议，可以使用海报、小册子和公司杂志等方式对方案进行宣传

7.4

指导下属常见的八个误区

习惯化的领导方式是领导者在长期的生活阅历、工作经历、管理实践和领导能力发展中逐步形成的，具有较强的个性化色彩。每一位领导者都有与其知识素质、工作环境、个性特征相联系的领导风格。

领导风格有不同的类型，包括告知型、推销型、参与型和授权型等，不同的领导风格适用于不同的工作情境和团队成员。如果领导者习惯强势推进任务，会导致上下级关系的恶化；如果过于迁就，又会影响业绩指标的达成。

正如通用电气 CEO 杰夫·伊梅尔特说过的那样："就管理通用电气而言，你必须在一年中说 7 到 12 次'必须照我说的去做'；如果你说了 18 次，就会搞得众叛亲离，变成光杆司令；要是你仅仅说了 3 次，那公司就会变成一盘散沙。"所以说，只有适合的领导行为才会使组织不断地保持竞争优势。

另外，很多领导将权力仅仅作为发布指令的武器，殊不知这对于组织的发展是百害而无一利的。正如国际关系理论中新自由主义学派的代表人物约瑟夫·奈所说，"我们不应把领导和权益关系简单地视为某种英雄式人物的行为，而应综合考虑导致领导问题的领导者本身、下属追随者和内外部环境这三方面的因素"。所以在组织中，领导者应根据不同的情境灵活地转变领导风格，以提高工作效率和组织成员的满意度。

以下是领导者指导下属常见的八个误区，如表 7-4 所示。

表7-4 领导者指导下属常见的八个误区

误区	分析与解读	误区	分析与解读
一、不了解下属的情况	关注下属的情况：职责、能力、考勤、情绪如何？健康、爱好、与同事关系如何？如何看待收入、工作场所等 妨碍了解下属的方式：①生搬硬套；②套用公式；③忽视个性；④极端主义；⑤标准化、僵化	二、对待下属用同一种方法	不能避免四个"不能"：①不能识别下属的性格；②不能因人施教；③不能因时施教；④不能因地施教
三、不能一碗水端平	公平公正是领导者处理与下属关系的基本原则之一，是领导者职业道德的基础 影响公平公正的因素：①感情因素；②资历因素；③舆论因素；④背景因素	四、不能做到民主	要做到民主，必须首先克服"四种意识"：①尊严意识；②权威意识；③等级意识；④家长意识
五、不信任和不会授权	信任和授权要讲究原则和艺术：①授权要体现单一隶属的原则；②遵守责权统一的原则；③坚持适当控制的原则；④知人善任，量力授权的原则；⑤包涵失误，互相信任的原则	六、不反省自己的指导方法	领导者可能将下属的失误归结为下属自身的态度和能力，而缺乏这样的认知："下属没有学会，是因为我没有教好。"
七、仅用口授	仅用口授有三个缺点：①复杂难懂，听者理解不到位；②语言表达未必恰当；③难以确认听者的理解程度	八、只做给下属看	只做给下属看，缺乏必要的沟通会使下属：①位置不正确；②很难准确模仿；③模仿而不求甚解

7.5 领导能力开发十力之功自远

领导能力，是一种复杂管理能力的体现，涉及领导者与追随者共同的行动及结果，如目标的达成、个体承诺目标的兑现、团队凝聚力的增强以及组织文化等。

1. 优秀领导能力的五个特征

作为一种社会互动要素，领导能力是一种影响力，促进团队超常规标准、高质量地完成工作任务。领导能力主要包括洞察力、决策力、亲和力、激励力、凝聚力、学习力、影响力、变革力、创新力和创造力等。

优秀领导能力一般表现出五个特征，如图 7-2 所示。

柔性	双向性	人性化	叠加性	艺术性
重视应用软权力来发挥作用，激发下属的创造精神，而非以强调的方式	特别注意领导者与追随者之间的相互影响和及时回应，唤起其心理响应	在关注工作、关注利益的同时，更突出以人为本的思想，更关注人的情感、人的快乐、人的价值和人的发展	在应用权力的同时，更注重领导者自身的品德、个性、专长、能力、业绩等方面的叠加作用和放大作用	既讲究科学、遵循规律，又强调创新，强调权变融合，强调领导艺术的巧妙运用

图 7-2 优秀领导能力的五个特征

2. 领导能力开发的三种方法

（1）教练制。英特尔公司运用多种方法实施领导力提升的培训，其中之一就是教练制。公司指定内部专家、技术能手或高层主管作为受训者的搭档或陪练，对后者进行一对一针对性培训；或由经验丰富的老员工为新员工提供咨询、辅导，达到提升后者综合领导能力的目的。

（2）职位轮换。不少公司往往通过岗位调动、职位轮换的方式锻炼、提高员工的领导能力。例如，英特尔公司就通过派遣有潜能的管理者到其他国家分、子公司任职，以提升他们的跨文化管理能力；英特尔公司还实行一种"二位一体"的任命计划，也就是同一职务同时任命两名经理人，指定其中一名为助理，给他提供实习、锻炼的机会，培育其快速成长为合格的经理人。

（3）能力评估。不少公司每年都根据领导才能的界定和模型，进行领导者实际能力和工作作风的评估。评估方式包括员工自评、线上测试和360度评价等，为提升有潜力者的领导才能或构建"人才蓄水池"打下了良好的基础。

3. 领导能力开发的六个步骤

领导能力的开发方法主要包括经营诊断、领导能力评测、计划设计、计划实施、后续支持、效果评价六个步骤。

（1）经营诊断。经营诊断，即领导能力开发的第一步，主要目的是查明领导力开发的原因，实施的关键是对领导能力开发的轻重缓急进行判断，并确定领导力开发的目标。经营诊断可以运用现场调研、焦点小组访谈、SWOT分析或内容分析等方法。

（2）领导能力测评。领导能力测评，主要是帮助领导者了解自己的真实需求，找到"镜中自我"，明确自己真正缺少的素质、特征或能力，以及需要通过什么样的途径来开发和学习，帮助其量身定制发展计划和具体行动方案。

（3）计划设计。计划设计，是承前启后非常重要的一个步骤，内容主要包括领导能力开发计划小组人员的甄选、开发时间和周期的确定、领导力模型的构建，以及围绕领导能力特质所策划的一系列开发方式设计，比如培训模式、行动学习、情景模拟、角色扮演、课堂互动、学习效果反馈等。

（4）计划实施。计划实施是计划设计的后续步骤，需要充分调动组织内外部资源，对计划进行有序的推进，创造条件，保证领导力开发项目的顺利完成。这一步的关键是组建行动学习团队。

（5）后续支持。好的领导能力开发活动不应局限在教室里、课堂上，它还要为受训者提供培训迁移的强化环境和支持，以保证受训者学到的知识、技能、技巧能够有效地运用到工作岗位上。

（6）效果评价。作为领导能力开发的最后阶段，效果评价还要弄清楚以下问题：如何修改和完善领导能力开发计划？如何排除领导能力开发计划实施的障碍？如何把领导能力开发的方法、工具、措施与期初目标紧密相连？只有客观、明确地回答这些问题，才能保证下一次领导能力开发项目的效果。

智慧工具：突发事件预警与处理

重大突发事件的发生会对组织系统的价值体系、利益链和行为准则产生重大冲击，甚至生死存亡的威胁。比如，造成企业规范系统的破坏，导致资金、资产的流失，损坏组织形象，甚至造成人员伤亡等。群体性突发事件，也会直接影响企业领导人和管理者的"仕途"，我们在现实中经常见到，一次突发事件造成的恶果就可能会产生一只倒霉的"替罪羊"。

根据《中华人民共和国突发事件应对法》给出的释义，突发事件是指"突然发生，造成或可能造成严重社会危害，需要采取应急处置措施予以应对的自然灾害、事故灾难、公共卫生事件和社会安全事件"。

其中，社会安全事件主要包括恐怖袭击事件、民族宗教事件、经济安全事件、网络与信息安全事件，以及涉外突发事件和群体性事件等。企业中有关员工冲突的突发事件主要是指群体性事件。

企业中的群体性突发事件的类型主要有七种，具体如图 7-3 所示。针对群体性突发事件，领导者提前预警和事后处理均义不容辞。

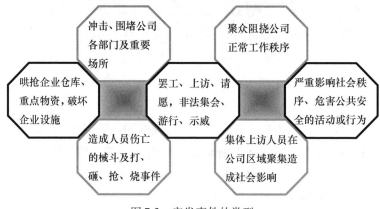

图 7-3　突发事件的类型

突发事件的特点主要包括五个方面，即意外性、危害性、目的性、威胁性和紧迫性。

（1）意外性。突发事件往往超出事物运行的规律和常态，何时、何地、以何种方式出现均无法预测，事件出现之前人们不能获得充足的信息，做不到积极有效的预警和防范。

（2）危害性。突发事件是重大的危机事件，可能给企业员工或社会公众的生命和财产带来巨大的伤害和破坏。

（3）目的性。很多突发事件都有明确的目的性，特别是人为因素造成的突发事件，因为人们的选择和行为目标，都是为了满足其某种特定需要。所以，在做出处理突发事件的决策前，企业领导者要对突发事件的目的了解清楚。

（4）威胁性。突发事件对企业的稳定运行具有不可小觑的威胁，既可能威胁到员工的利益，又可能威胁到企业的生死存亡，还可能对社会的正常程序造成不良影响。

（5）紧迫性。突发事件往往在瞬间爆发、猝不及防，情况非常紧急，同时，能够获知的信息又非常有限，急需企业领导者或危机公关负责人在短时间内做出理智的判断和抉择。

所以，提前预防或者及时、妥善、有效处理类似突发事件，是考验一位领导者最有效也最直接的方式。

为了预防和减少突发事件的发生，给自己的职场经验值加分而不是减分，控制、减轻和消除突发事件引起的严重危害，规范突发事件应对，保护企业、员工的生命财产安全，维护企业安全和经营秩序，领导者应当制定重大突发事件的预案及处理对策。

一般来讲，重大突发事件的处理对策，主要包括预防与应急准备、监测与预警、应急处置与救援、事后恢复与重建四个方面。

1. 预防与应急准备

领导者应制定突发事件总体应急预案，涵盖突发事件的性质、特点和可能造成的危害规模或损失，具体预案体系包含：突发事件应急管理工作的组织指挥体系、职责分工，突发事件的预防与预警机制、处置流程、应急保障措施，以及事后恢复与重建措施等内容，领导者还应当建立健全突发事件应急处理培训制度和定期演习机制。

2. 监测与预警

领导者应建立突发事件信息处置系统，收集、统计、分析所有相关资料和数据，传输正面信息，并与政府部门、专业机构和监测网点的突发事件信息系统实现互联互通，加强交流与情报合作。当突发事件发生时，现场相关人员应当向上级部门或领导报告突发事件信息，做到及时、准确、客观、真实，不得迟报、谎报、瞒报、漏报。

3. 应急处置与救援

突发事件发生后，领导者应当针对其性质特点、危害程度和损害大小，调动应急救援队伍，按照企业应急预案和相关法律、法规、规章的规定采取正确有效的处理措施。

不同的突发事件应采取不同的处置措施，如对涉事区域内的建筑物、交通工具、设备、设施，以及燃料、燃气、电力、供水进行管制，封锁现场、道路和证物，查验可疑人员的身份证件，协调相邻、相近场所内的其他活动，有人员伤亡时采取紧急救护措施等。

4. 事后恢复与重建

突发事件的威胁和危害得到控制或消除后，领导者应当停止执行应急预案中的处置措施，同时采取或者继续实施必要措施，防止群体性事件的次生、衍生事件以及可能引发的其他安全事件。

另外，在突发事件后的恢复与重建时期，一方面，领导者要及时、如实兑现之前对媒体或公众做出的承诺，做好善后工作；另一方面，要抓紧企业形象的重新设计与展示，以弥补突发事件造成的形象损失，重新赢得大众的信任。

第 8 章

职业定位：职业生涯二次思考

职业定位，就是明确一个人在职业上的发展方向，它是人在整个职业生涯中的战略性问题也是根本性问题。有三层含义：一是确定你是谁，你适合做什么工作；二是告诉别人你是谁，你擅长做什么工作；三是根据自己的爱好、特长、能力以及个性将自己放在一个合适的工作（生活）岗位上。

职业生涯二次定位，就是在职场的 N 个关键节点再次好好思考上述三个问题。

职业生涯二次定位，就是用勇气改变可以改变的事情，用胸怀接受不能改变的事情，用智慧分辨两者的不同。

职业生涯二次定位，就是在找寻一个事业方向，而不仅仅是一份解决温饱的工作，就是做回"本色演员"。

做本色演员，是职业定位的最高原则，就是在社会分工的大舞台上能扮演自己的角色，即符合本我，不用经常戴着面具去迎合工作的需要，甚至可以张扬自己的个性，并最大化地用到自己习惯的思维方式、行为模式。

正如我们经常分析某某演员扮演一个角色很成功，是因为演员的性格特质与角色很相似，是本色出演一样，职业成功的秘诀也是"做本色演员"。

做本色演员得心应手，容易成功；做非本色演员很辛苦，不易成功。

今天，你正在本色出演吗？

8.1
找到我的职业 "蜜罐区"

　　埃隆·马斯克的朋友们评价他是个目标极其明确和坚定的人，他习惯从工程师的视角看世界。只要他看好的，他会坚持不懈地努力，直到达到目标。而对于那些对他不认同的人，他就不遗余力地反驳，毫不掩饰自己的真实想法。

　　沃伦·本尼斯是美国知名的商业作家和管理咨询顾问，曾任辛辛那提大学校长。关于职业的成功，他曾经在著作《快速公司》中谈过："我曾经向往成为一名大学校长。然后，当我真的实现了自己的理想，得到的结果是：任职的七年实在倒霉透顶。问题在于，我只是想成为一名大学校长，但我不想像大学校长那样工作。回想起来，我的职业期待与我真正能从中获得的职业满足感之间有着不可逾越的鸿沟。"

　　有了这样一段经历，本尼斯为每一个寻找"职场成功"的人设计了一个由四个问题组成的测试，并告诫：你必须诚实回答，这需要你有一定的自我认知。

　　（1）你可知道你需要些什么，你又擅长些什么，这两者之间又有什么差距呢？

　　（2）你可知道你的动力是什么，能给你带来满足感的又是什么呢？

　　（3）你可知道你的个人价值观和目标倾向性？而你公司的核心价值观、愿景倾向性和使命呢？你觉得两者之间匹配吗？

　　（4）在衡量了你"想做的"与你"能做的"之间的差异，以及推动你的与能使你满足的力量之间的不同之后，你觉得你能克服上述那些差异吗？

　　如果你能，那么成功就属于你。简而言之，成功的关键就是找到你与众不同的天赋，并将其淋漓尽致地用到最合适的地方。

所以，职业生涯二次定位，必须找到自己的职业"蜜罐区"。

亚历山大·奥斯特瓦德（Alexander Osterwalder）博士在他的著作《商业模式新生代》中提到，工作满足感来源于三个主要方面：兴趣、技能和个性。三者的重叠区就是你的职业"蜜罐区"，如图 8-1 所示。

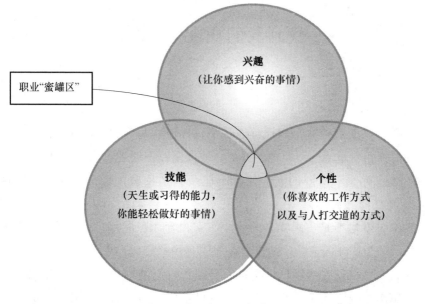

图 8-1　你的职业"蜜罐区"

是的，如果你目前"做的是让你感到兴奋的事情 & 用得上天生或习得的能力，你能轻松做好的事情 & 用的是你喜欢的工作方式以及与人打交道的方式"，那么，恭喜你，你就在你的职业"蜜罐区"里；若非如此，你就需要重新寻找你的职业"蜜罐区"，否则你应该不那么舒服，或者正在自己欺骗自己。要相信，每个人都有自己的职业"蜜罐区"。

8.2 世界 500 强能力素质模型

先来测试一下，你有以下症状吗？或者有几项？请如实回答！

➤ 怕吃苦，不愿意加班。

➤ 不愿意虚心学习，承受不了企业领导对自己的批评指正。

➤ 在就业过程中手高眼低，对自己没有正确的认识。

➤ 进入企业后不能遵守企业要求，随性而为，第一天提离职，第二天就不到公司上班。

➤ 进入企业后不稳定，这山看着那山高，"骑驴找马"。

➤ 心态不正确，求职面试过程中对公司挑三拣四。

➤ 言而无信，答应企业可以去面试，但是在不通知企业 HR 的前提下，不去面试。

如果有两项以上的症状，这就预示着你的职业素质与企业标准相差甚远，无论你技术有多牛，也是进不了 500 强的。其实无论我们是否在世界 500 强工作，都应当以世界 500 强员工的能力素质要求自己，才能在职场取得成就、占有一席之地。

世界 500 强聘用员工，一般从三个方面出发衡量一个职位所需要的能力构成，以三个核心要素来衡量应聘者是否合格。

1. 能力素质

求职者是否具备工作所需的诸如智能水平、与人相处的能力、工作的热情等，着重考察该求职者怎样表现自己。世界 500 强对求职者基本的能力素质要求，如图 8-2 所示。

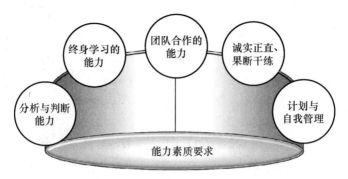

图 8-2　世界 500 强对求职者基本的能力素质要求

（1）分析与判断能力。即面对复杂困难的环境能够做出准确、客观评估的能力，是否达标如表 8-1 所示。

表 8-1　分析与判断能力对照表

具备此能力所表现的行为	此能力所表现的行为不充分
√ 分析问题的时候能够参照来自不同渠道的数据和资源，避免片面的看法 √ 对任何事情都懂得分析哪些是表面的现象，哪些是影响其本质的关键因素 √ 在面对巨大压力的情况下（争吵、重要事务发生误差）仍然能够避免过于情绪化地解决问题，仍然能够冷静地做出决定 √ 分析任何问题先寻找证据，然后在此基础之上给出结论	√ 分析问题不能找到很多的信息来源 √ 容易受到表面现象的影响而草率地做出决定 √ 在面对压力的时候，可能情绪化地处理问题，或任由感情妨碍自己做出合理的经营决策 √ 可能采用非常系统化的方式解决问题，但是会迷失在大堆的数据中，无法寻找数据规律从而得出本质性的决定 √ 做出一些模糊的、界定不明晰的决定

（2）终身学习的能力。即长期持续地、积极地从自己和他人的成败经验中学习的能力，达标要求如图 8-3 所示。

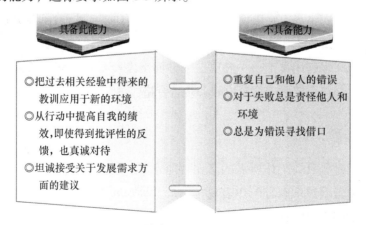

图 8-3　终身学习的能力对比图

（3）团队合作的能力。即作为团队的一员，采取合作的态度进行工作，关注团队的整体目标，而非个人利益。

具备此能力的员工能够作为高绩效优秀团队的一员，愿意并富有建设性地参与工作。会表现出对团队的认可，支持团队决策，并坦诚地与团队共享信息。重视他人的看法、专长和所提供的信息，为了团队的利益能够调整自己的位置。

不具备此能力的员工只做他们想做的而与团队决策无关的事情，并牺牲团队其他成员以谋求自身的发展。不接受他人的观点、想法，隐瞒关键信息，暗中破坏团队的工作进程。

（4）诚实正直、果断干练。即指以企业的道德规范正直处世，遵守各种规章制度，并抵制不道德的行为，达标要求如表8-2所示。

表8-2 诚实正直、果断干练能力对照表

具备此能力所表现的行为	此能力所表现的行为不充分
√ 遵守职业规范，明确自己的职业行为标准与处事原则，制止不道德的商业行为 √ 在需要时，客观提供基于事件本质的正确的信息，不夸大或缩小事实，不散布未经正式渠道证实的信息 √ 在职业交流中，以诚实的态度对待他人，尽可能客观、全面地让对方了解信息 √ 即使在面临风险或压力的情况下，仍然坚持以企业的利益为先	√ 漠视甚至参与身边不符合职业道德的行为，违反职业规范 √ 迫于压力，按他人意愿改变自己的个人观点，不客观地提供事件本质信息 √ 从个人利益出发，夸大或缩小事实，散布未经正式渠道证实的信息 √ 在工作事务上，出发点并非企业利益而是个人利益

（5）计划与自我管理。即有效管理个人工作时间，有效规划工作所需资源，达标要求如表8-3所示。

表8-3 计划与自我管理能力对照表

具备此能力所表现的行为	此能力所表现的行为不充分
√ 计划并管理自己的日常工作，能对自己的工作按重要性和时间紧迫性进行排序，确保工作效率 √ 按照要求在既定时间内完成工作，并对工作的质量、成本和所带来的风险负责 √ 了解工作所需的资源情况及其对成本的影响，并能够有效规划资源 √ 能够有效解决工作中的问题，及时向上司汇报或向下属传达	√ 面对较为繁杂的工作，无效地管理自己的时间，或没有按轻重缓急处理事务 √ 难以在既定时间内保质、保量，且控制成本、避免风险地完成任务 √ 没能有效地规划工作所需的资源 √ 对于工作中产生的问题，总是茫然地要求他人给予解决而无法自己寻找解决方案

2. 专业技能

　　求职者是否具备工作所需的诸如财务管理中进行财务分析的能力、成本管理的能力，人力资源管理中进行人力资源规划的能力、绩效薪酬激励能力、培训与开发的能力，电脑系统管理中进行电脑维修的能力、系统维护的能力，市场营销管理中管理代理商的能力、市场拓展的能力等。专业技能着重考察对于该空缺职位而言，"什么样的技能是必需的"。

3. 工作经验

　　求职者是否具有与空缺职位相关的工作经验？例如，是否在同类产品市场中有过市场营销的经验，是否熟悉某项业务流程的操作，能否以最快的速度投入到工作中去，并且能够带来新想法和新思路。这里的工作经验是考察该求职者可供参考的技能记录。

　　在世界 500 强招聘的三个核心衡量要素中，能力素质是重点，因为专业技能和工作经验在一段时期之内是稳定的，而能力素质则表现出一个人的发展潜力。

8.3 转岗还是辞职不要懵

转岗，属于组织成员的内部变动，与内部调岗含义基本相同，但内部调岗是从企业人力资源管理的角度来定义，而转岗则是从个人的职业生涯的角度来定义。

辞职，则是辞别自己原先的工作岗位及组织，寻求在其他组织中获得职业发展的机会。

1. 转岗机会的评估

转岗，是个人职业发展的一个机会，但是否适合自己，则需要进行评估。在转岗时，一定要将新岗位的任职要求与自身实际能力做全面的评估。一般情况下，面对转岗机会，要认真考虑五个最基本的问题。

（1）个人在转岗目标岗位上的实际能力如何？

（2）转岗目标岗位是否符合个人职业规划？

（3）目标岗位是否符合现阶段职业发展需求？

（4）对目标岗位是否有强烈的兴趣？

（5）个人是否具备快速学习能力？

2. 辞职成本的评估

经过对转岗机会的评估，如果其成本较高，部分人员可能会选择辞职。但辞职既可能是个人职业生涯发展的机会，也可能会对职业生涯发展造成不良影响，提高职业发展的成本。因此，应合理评估辞职的成本，确保做出正确的决策。

（1）我想要到哪里工作？

（2）是什么原因让我决定离开？

（3）现在的工作能够在哪些方面让我感到满足？

（4）哪些问题让我感到不满？

（5）我已经完成了哪些工作？

（6）我还有哪些工作没有完成？

（7）我是否已经找到了另外的合适的组织和工作？

（8）新的组织和工作与现在的组织和工作哪一个更有利于自己职业生涯的发展？

3. 决定了吗？你是辞职还是转岗？

都不是，我要做自由职业者，可以的。自由职业，是指摆脱了组织的管理，自己管理自己，以个体劳动为主的一种职业。自由职业主要涉及知识密集型行业，职业成功则主要依赖于自己在业界的声誉与地位。这些职业一般包括写作、翻译、电脑编程、咨询、策划等。很多人向往做一名自由职业者，但并不是所有人都可以成为一名出色的自由职业者。认识自己应该是每个希望成为自由职业者的人首先要解决的问题。

成为自由职业者之前，首先要对自己的个性、素质、习惯、心理、人际交往能力、知识技能等综合因素做清晰全面的了解和判断，要在某一方面有专长。然后根据以往的工作经历选择感兴趣和最擅长的工作作为自己的工作首选，也可以根据市场的需求并结合自己的特点创立自由职业。也就是说，无论是转岗、辞职还是做自由职业者，或者创业，均要做到知己知彼，而不能闭门造车，还要对照影响个人职业生涯开发的个人因素，发掘你的职业倾向，定位你的职业锚，当然也要考虑你所处的职业生涯阶段。

职业生涯开发的各项影响因素中，最重要的是个人因素，个人因素主要包括职业倾向，个人能力、职业锚和人生阶段四个方面，具体内容如表8-4所示。

表 8-4 影响职业生涯开发的个人因素

个人因素	包含项目	具体内容
职业倾向	技能倾向	具有技能倾向的人适合从事那些包含体力活动并且需要有一定技术、力量和协调性才能承担的职业，如机械师、烹饪师等
	研究倾向	具有这种倾向的人适合从事那些包含着较多认知活动（思考、组织、理解等）的职业，如医师、教授、科学家等，而不是那些以感知活动为主要内容的职业
	社交倾向	具有这种倾向的人适合从事那些包含着大量人际交往内容的职业，希望身边有别人存在，对别人的事情感兴趣，乐于助人，如社会工作者，外交人员等
	事务倾向	具有这种倾向的人通常从事那些包含着大量结构性的且规则较为固定的活动的职业，在这些职业中雇员需要服务于组织的需要
	经营倾向	这类人士喜欢从事那些通过语言活动影响他人的职业，如管理人员、律师、推销员、公关人员等
	艺术倾向	这类人士善于从事那些包含着大量自我表现、艺术创造、情感表达以及个性化活动的职业，如艺术家、广告制作者及音乐家等
个人能力	体能	即生理素质，指人的健康程度、强壮程度、对劳动负荷的承受能力和疲劳消除能力
	心理素质	指人的心理成熟程度，表现为对压力、挫折、困难等的承受能力
	智能	智能主要包括智力、知识和技能三个方面。智力又包括观察力、理解力、思维判断力、记忆力、想象力和创造力等；知识是指员工通过学习、实践等活动所获得的理论与经验等；技能是指员工在智力、知识的支配和指导下操作、推动物质和信息资源的能力
职业锚	技术型	职业发展围绕自己擅长的、特别的技术能力或特定的职能工作能力而发展
	管理型	职业发展沿着组织的权力阶梯逐步攀升，直到担负全面管理的职位
	创造型	职业发展围绕创造性而努力的，如创出新产品、新服务、新发明或新事业
	独立型	喜欢自己决定自己的命运，希望自行决定自己的时间、生活方式和工作方式
	安全型	这类人极为重视职业稳定和工作保障，喜欢在熟悉的环境中维持工作
人生阶段	五个阶段	成长阶段、探索阶段、确立阶段、维持阶段和下降阶段，不同的阶段职业发展的重点和内容不同

智慧工具：重构失业经验

无论是职业生涯重新定位，还是寻找职业"蜜罐区"，或者是跳槽换工作，都需要一个过程，但是时间不应该太长。如果说有人辞职想找新工作，一找就找了一年，这不是正常的换工作间隙，而是一种失业状态，都可以申请领取失业金了，同时，这是一个与职场长期脱节的严重问题。

哥伦比亚大学的心理学教授诺曼·阿姆森（Norman Amundson）进行了帮助失业者的相关研究。他指出，有必要通过 12 种重构策略将求职者的失业观念从消极变为积极。

我们通过阿姆森教授这 12 种策略的对照与思索，可否重新定位自己在职场的位置呢？二次定位，是继续在原来的领域深耕，还是马上转换路线，虽然已经痛苦了一段时间。事实上，什么时间开始都不算晚，关键是能否下定决心重新开始？

1. 失业是正常的

失业期间会让人感到孤独或被孤立，这些感受可能还很强烈，但也是很正常的。你要清楚暂时失业或者找下一份工作的间隙有这些感觉或情绪，并不是自己有病或不稳定。你要相信你自己，正在努力找工作的你是靠谱的！

2. 重构成就感

失业者一般会怀疑自己、丧失自信。你可以通过聚焦于过去取得的业绩，或者在休闲、志愿服务、求学等方面的成就来重构这个图式。"原来，之前我一直是很棒的。"

3. 可迁移的技能

失业者因为失业，无法正确评估自己所拥有的技能和优势。通过重构自我，能够恢复正确评价并可以挖掘"可迁移的技能"这些潜能运用于求职过程中。例如，使用社会技能来拓宽人脉圈子，使用技术技能来拓展工作网络，使用研究技能来发现工作线索。

4. 积极的支持

失业将会导致失业者对再就业的消极预期。例如，"我已经进行了 N 次面试却没有收到一个 Offer，还要继续吗？"这里的重构，聚焦于积极的方面。你可以反过来想一想，你已经获取了十次甚至更多的面试经验，总结一下你得到的这十次面试机会都做了什么，这也是可以积累的经验。

失业者除了自己复盘总结，还可以从家人或朋友那里得到积极的支持，也可以求助于职业生涯咨询师的专业指导。

5. 采取外化的举措

很多时候失业者会因为失业而自责，这可能会导致抑郁或"破罐子破摔"，这时可以"外化"这种失业问题，并且只为自己能控制的部分纠结就可以了。

例如，虽然公司裁掉了 100 名员工，但是对于那些提出申请的人，仍然可以通过派遣机构或第三方平台获得工作，你也得到了政策支持。相反的情形是，一个人完全责备公司，却无视导致自己被裁的过时技能，他在责怪公司、领导、同事的同时自己却因为放不下而更难受。

6. 限制消极的想法

失业者一般都会有一些消极的想法，"我无法在朝阳行业找到称心的工作""我没有能力在我擅长的领域找到工作"等。在某种程度上这可能是对当时情形的现实评估，但是在就业前进行重构是必需的。

一个可行的重构说法是："这可能要花一些时间，但是通过细致的搜索和持续的努力，我能够在感兴趣的领域中找到合适工作。"

7. 获得信息

关于自己，自己的兴趣、技能和就业选择的信息，失业者掌握得极其有限或不准确。他们需要重构搜索关键词、提升信息对称度，并力争获得咨询员的帮助。

8. 制定决策

失业者可能会被他们自己的消极情绪或接收到的负能量信息所压抑，这些消极情绪可以通过模型制定决策解决。例如，运用第 1 章介绍过的 CASVE 职涯循环模型进行重构，并使过程被理解。

9. 想象成功

失业者可能很难想象他们在就业运动中的成功结果。一个重构技能是提前想象如果成功完成了就业目标，自己的心情会有多美好，然后假设梳理一下达到目标的成功事件。

10. 多元练习

失业者可能需要学习新的求职技巧或工作技能。为了做到这一点，失业者需要观察其他成功者的面试行为或者新兴行业的诉求、新的工具方法，然后在可控的条件下进行练习。这些练习方式包括情景模拟、角色扮演、看工作面试的录像和跨界取经等。

11. 形成新的活动模式

失业者很可能在潜意识里形成了无法达到就业目标的模式。重构策略涉及改变日常的时间表和再就业计划。例如，在早上而不是下午给 HR 们打电话，或者即使目前处于失业状态也要每天早起并着职业装出现在各种场合，或者积极参加多种活动寻求更多身在职场的机会。

12. 聚焦于目标陈述进而达成

失业者要想成功再就业，需要进行职业生涯二次定位，需要确立更高、更远的职场目标并付诸行动，比如，"今天，给报纸广告上的 10 个雇主打电话""每天晚上上夜大学习最新技能"。这个过程肯定会减少失业问题的严重程度，并为失业者上一个新的台阶创造更多的机会。

大咖案例：烧不死的鸟是凤凰

华为创始人任正非认为："对人的能力进行管理的能力才是企业的核心竞争力。"华为的人力资源管理体系是华为成功走向国际化的秘密武器。

任正非认为，一个人才华的外部培养相对而言是比较快的，而品德的内部修炼是十分艰难的。年轻人是华为事业发展的宝贵财富、中坚力量，各级干部要多多帮助他们，给他们提供更多的锻炼机会，尤其是在华为的大发展时期。"烧不死的鸟是凤凰"，有些火烧得时间可以短一些，有些要烧得久一点儿；有些可以选择"文火"，有些必须是"旺火"。这种历练是华为人面对困难和挫折时的坚定信念，也是华为挑选干部的价值标准。

毛生江刚进入华为时做的是产品开发，不久后便晋升为华为拳头产品的项目开发经理，并参与了第一台"C&C08"机的开发。后来，华为以市场部员工集体辞职为契机，拉开了干部能上能下、打造职业化管理队伍和制度化让贤的帷幕。辞职，可能意味着降职、降薪、职位调换，意味着离开自己熟悉的岗位从头做起、从头学起，当然也有升职、加薪更好的可能性，总之，那应该是一种脱胎换骨般的涅槃重生。

经过短暂的抉择阵痛后，毛生江别妻离子，全身心投入到了山东市场的开拓上。虽然，山东是华为的传统市场，市场容量及潜力都不错，然而，由于当时的通信市场竞争日趋残酷，特别是个别厂商使用非常规手段低价倾销，华为产品在山东市场上的推广进度十分缓慢。

如何变被动为主动，打造一支进可攻、退可守、富有战斗力的团队呢？如何营造一种优势互补、团结进取的组织氛围呢？毛生江刚到达山东代表处便开始紧锣密鼓地策划。他知道，一支能打胜仗的优秀团队必然能克服眼前的重重困难。

接下来，毛生江通过召开民主生活会，引导大家开展自我批评，改进不足；又针对具体项目，进行针对性分析会；还定期召开工作例会，按需培训，坚持不懈地推进华为新员工思想导师制。

最后，山东一线员工在毛生江的正确领导下，承受了一次又一次被磨砺的痛苦，克服了一个又一个看似无法解决的困难。经过五年时间，山东代表处实现市场格局均衡化，取得了骄人的业绩：销售目标比1998年增长50%，总销售额达9.3亿元，回款接近90%。2000年1月18日，毛生江被任命为执行副总裁。任正非后来总结这个事情的时候说，"烧不死的鸟就是凤凰"。他认为，毛生江经理历经多种磨难，获得了重生，值得所有华为人学习。

任正非说过，无论什么时候、什么情况下，总会有一部分人受委屈，这些人对待委屈的正确处理方式会给华为人的进步带来十倍的力量。绝对的公平是实现不了的，你不能对这个期望太高。但在永不放弃者面前，机会总是均等的，只要你不懈地努力，你的领导、主管会了解的，你的同事、下属会感受到的，最起码你问心无愧、不会后悔。

"总有一部分人受委屈，烧不死的鸟是火凤凰"，这是华为人对待委屈和挫折的正确姿态，这是华为挑选干部的准则。没有一定的承受力，今后如何能挑大梁。其实职场人的命运，是掌握在自己手中的。价值的评价存在误差，但绝不至于黑白颠倒、相差万里，好的坏不了、坏得真不了、真的假不了。"要深信，在华为，是太阳总会升起，哪怕暂时还在地平线下。"

职场精英人士要始终有进取心，要不断努力加紧学习，拿到成果，做出贡献，同时也要知足。你把自己的力量发挥到极致，你会对自己的职场生涯无怨无悔。

👉 在华为市场部的迎新大会上，市场部老总曾经发表了一篇"战斗"檄文，他说："……胜则举杯同庆，败则拼死相救，狭路相逢勇者胜，烧不死的鸟就是凤凰……"

后来，任正非在多种场合的演讲和多篇文章中提到这句话，并将其确立为华为人面对困难和挫折时应秉持的价值观。

8.4
事业＆家庭一个都不能少

个人职业生涯发展与家庭生活之间有着非同寻常的联系，二者始终遵循着一种并行发展的逻辑关系。工作与家庭生活的矛盾冲突，必然影响职业生涯的发展，所以，为确保职业生涯发展的成功应平衡好工作与家庭之间的关系，具体包括以下三个问题及平衡措施。

1. 时间上的冲突及平衡措施

时间冲突，是指工作需要和家庭需要之间在时间上发生的冲突。比如，工作要求加班、倒班、出差等，与家庭需要或家务活动等发生时间冲突，无法调整或协调。

时间冲突的平衡措施，具体如图 8-4 所示。

1	制订职业生涯规划，要了解职业生涯各阶段的特点及家庭各阶段的需要，确认对家庭生活产生影响的工作时间，并予以适当回避或者调配
2	职场女性，应根据家庭生活阶段性的需要设计弹性工作制
3	个人要合理安排工作优先次序，确认工作需要与家庭需要的重点，采用优先原则
4	合理安排时间。建立夫妻间工作与家庭合理安排互补机制，将团队成员单一的职业计划改为团队成员之间或与家庭合而为一的相互配合、协调、支持的联合发展计划
5	个人需要合理利用社会性服务机构提供的家政、家教服务
6	个人可以尝试请身体健康状况良好、退休在家的老人帮助处理家务

图 8-4　时间冲突的平衡措施

2. 压力冲突及平衡措施

压力冲突，多指发生在工作和家庭角色都面临应急的情境中无法调整而发生的冲突。比如，新生儿闹夜，干扰了父母的睡眠，导致上班时难以打起精神；孩子突然生病，影响父母的工作，导致工作业绩低下。压力冲突的平衡措施主要有六种：

（1）及时与领导或上司沟通，以便对部分工作任务进行调整。

（2）制订合理的工作家庭计划，避免处在应急情境中的团队成员因一时没有处理好工作与生活矛盾受到责罚。

（3）站在长远的角度来看职业生涯发展，放弃部分职业生涯计划与调整职业生涯发展目标进程，以便留出一些时间处理家庭和子女哺育的问题。

（4）懂得舍得，合理利用和计划时间，集中精力做好主要工作，不要试图在太多的领域中去做太多的事情。

（5）对上下级关系、同事关系、夫妻关系、婆媳关系的处理要有足够的心理准备与和谐的解决方案。

（6）认可心理疏导服务，接受第三方咨询，善于利用社会性服务机构。

3. 行为上的冲突及平衡措施

行为冲突，是指发生在职业角色与家庭角色之间不一致的境况和互不适应的表现。比如，职业要求某员工有权威性和严肃性，并且要求较高的理性、原则性，而在家庭生活中的角色又要求其温和、富有情感色彩、友好、活泼。个人时常难以完成这两种角色的切换、协调与统一，从而产生行为冲突。行为冲突的平衡措施主要为五种：

（1）积极参加公司向员工提供的解决角色转换的咨询项目和支持性的训练。

（2）创造或抓住家庭成员在工作现场和参加年会联谊的机会，促进家庭成员对组织成员工作性质的理解和认同。

（3）学会适应各种角色的转变，成功扮演好、切换好家庭成员与职场精英的双重角色。

（4）造就互补、目标一致的家庭角色关系，夫妻要在生活上互相体贴、关照，在工作上互相理解、协助，情感关切上有更多投入。

（5）学会倾听家庭成员的意见或建议，言谈举止上都要成为子女的楷模、榜样。

第 9 章

职场晋升：智慧脱离彼得原理

彼得原理是美国学者劳伦斯·彼得（Laurence Peter）在对组织中员工晋升的相关现象研究后得出的一个结论：在各种类型的组织中，人们习惯于对在某个等级上称职的员工进行晋升提拔，因而员工总是趋向于被提升到其不称职的位置。

　　由此，可以推导出这样一种现象，"每一个职位最终都将被一个不能胜任的员工所占据。也就是说，层级组织的工作任务多半是由尚未达到胜任标准的员工完成的。"

　　在涉及员工晋升的时候，很多组织的不规范选拔方式和标准的不科学又加重了彼得原理的表现。在一些组织中，员工晋升与否完全依靠领导的主观判断，很多下属都去刻意模仿领导的行为，以获得领导从"像我"方面给予的认可和喜爱，从而在领导提拔下属时获得先机。

　　比如，很多企业都非常看重销售工作，在管理和建设销售团队之时，最先晋升为销售主管的人大都是个人销售冠军，至少是个人销售业绩最好的几个中的某一人。大家都觉得这个人销售做得好，通过他就能带出一支优秀的销售团队，可是很多时候却事与愿违，因为这只是人们的主观意愿，与实际相差甚远。

　　实践证明，做好个人销售和做销售管理需要的是两种不同的能力。当然，自己销售能力强会更容易在团队中形成威望，但是带好团队更重要的不是销售的能力而是管理的能力。

9.1 不想当主编的厨师不是好司机

随着高科技的发展和组织选人、用人理念的转变，智慧职场对于人才的要求悄然发生了改变。虽然依然需要行业专、精人才，但是对于人才的复合性提出了更高的要求。

你必须在心中有非分之想——干员工的活操老板的心，你必须抓住每一次机会。也就是在专业度上要精深，在广度上要宽泛。

套用冯巩在春晚小品里的一句话："我们要成为音乐界篮球打得最好的，篮球圈车开得最棒的，司机里文章写得最好的，主编界菜炒得最香的。这年头，拼的就是综合实力！"

1. 晋升需要更强的综合能力

一般来说，如果一家公司管理机制能够使员工能力更强，甚至在成长过程中逐步赶超上司，我们就可以称之为"巨人公司"或者"潜力股"，无论这家公司目前是什么级别，它未来一定能成长为大公司、强企业。而如果一家公司的员工能力始终都不能达到晋升的要求，更没机会超过上司，我们会称之为"矮人公司"，这样的公司势必会越做越小、没有未来。

也就是说，领导想要保住位置，员工想要快速晋升，都需要具备比他人更强的能力。来看一个经理和员工用不同方式处理问题的小故事吧，虽然有些调侃。

👉 一个衣着不整、精神恍惚的人走进建设银行，拿着一张纸条说要取钱，柜员一看就知道这个人精神有问题，不搭理不是办法，但是又怕他闹起事来影响别人，正在无所适从的时候看见了大堂经理，赶忙请大堂经理来帮忙。

大堂经理问这个人取钱做什么，他回答说买好吃的。大堂经理说我们是建设银行，吃的东西都是粮食做的，买好吃的钱要去农业银行取。柜员心想，大堂经理就是不一样，真高！到了农业银行，又被告知这里只能是农村户口的取钱，工人户口的要去工商银行。工商银行告诉他，现在政策不一样了，全国都在大搞建设，我们的钱现在都放在建行了，得支援国家建设，取钱得到建设银行取钱。于是他又回到建设银行。

大堂经理也没了主意，于是请出了行长。行长看了看这个人手里的纸条，上面写着：兹派×××同志到贵行办理取款十万元，请接洽。落款是中共中央办公厅。他就告诉这个人，不是不接待，你是中央派来的，我们级别不够啊，你这个业务得去央行办理。送走了这个人，柜员和大堂经理异口同声地感叹："行长就是不一样，真高！"

对于普通员工通过晋升走上领导岗位的，必须要有足够的专业能力指导员工的工作。首先，需要保证部门或者团队的工作效能；其次，建立个人权威和影响力，有利于队伍的稳定和发展；最后，还要保有持续的个人能力提升后劲和打造个人品牌力。

相反，如果晋升前不具备相应的能力，晋升后部门的工作难以得到支持，管理者的工作也难以让员工发自内心地信服。火上浇油的是，部门的工作还可能由于晋升者的能力不足而出现战略解读的偏离，让决策者难以应对，丧失晋升者被员工信服的基础。一般员工与优秀管理者在能力要求上的区别，如表9-1所示。

表9-1　一般员工与优秀管理者在能力要求上的区别

序号	一般员工	优秀管理者
1	处理简单、机械、基础、重复的工作	处理常规工作的创新能力，处理意外情况的能力
2	面对突发事件可能束手无策	有前瞻性的预警方案应对各种可能的事件
3	只能完成职责范围内工作	了解所有下属的工作模块，从整体上分工与协调
4	遇到沟通协调更多地需要上司支持	向上、向下、平行沟通与组织协调，游刃有余
5	有任何问题需要随时求助	遇到问题主动承担，既激励自己又激励团队成员

与优秀管理者相比，一般员工要比管理者具有更少的行业经验和工作阅历，这需要自己抓住机会甚至创造机会加快成长。相比之下，职场新人在接

受任务时的各种推脱、挑肥拣瘦，实在是要不得的。

只有经过时间的考验，获得失败、坚持不放弃、成功的经历，由此获得晋升对企业和人才来说才是双赢的。所以，对于员工来说，想要得到晋升，先要努力改变自己的打工思维，付出更多的努力，具备更强的能力。做到人无我有、人有我强、人强我精、人精我优才行。

2. 时代呼唤复合型人才

在过去，人们更加追求在专业领域内的深耕。而今天，我们可以轻易地获取大量的知识和资讯，过去由于信息不畅导致的封闭和固化的思维逐渐被打开。

人们越来越认识到，局限在专业领域的精深，很难再像过去那样为自己建立起胜于其他人的"护城河"。只有能力更加多元化的复合型人才，才能在今天的市场上更好地生存。今天科技的发展让简单、机械的工作者正在面临新一轮的失业风险，越来越多的岗位将被人工智能取而代之。只有具备了复合能力的人才，才能在新一轮的淘汰中保住自己的岗位。

比如，餐饮行业中的西餐和中餐从业者的比照就能更好地说明问题。两个基本条件类似的年轻人同时加入了西餐和中餐的行业，进入西餐的人可能平时在家里连厨房都没进过，但是上岗三天就学会了炸薯条。相比之下，进入中餐的人可能一个月还没学会炒一样小菜。

在今天速食文化的理念下，人们可能更多地会接受西餐的套路，西餐的制作方法能让一个新人迅速成"才"。但是，这样的大厨具备在餐饮行业打拼"人无我有"的核心竞争力吗？

而传统中餐看起来培养人才太慢，但是一旦练成熟手，这样的人就具备了更强的职场生存能力，不仅能做出传统的美味，甚至有能力开发属于自己的经典菜品。离开这一个平台，到其他任何平台都可以重新操刀、开发更多新菜品。

这只是一个餐饮行业的从业人员职业发展的案例，实际上，各个行业类似的情况都会出现。看似简单快速的成才方式也许正在伤害个人成长的机会和动力，而具备了复合型能力的人才能笑到最后，虽然他之前付出了更多的辛劳和汗水。

随着商业环境的变化，未来需要越来越多的复合型人才。因为标准化的产品越来越少，客户个性化的需求越来越强烈。那些既懂技术又懂营销，既能按计划生产又能看懂财务报表的复合型人才将会有越来越大的展示舞台。

面对智慧职场，想要晋升，你就得上得了厅堂、下得了厨房，写得了代码、查得出异常。可以说，既有司机的技术，又有厨师的匠艺，你才能成为一个优秀的主编。

3. 晋升是综合实力的比拼

任何人的晋升，都意味着成为一个更大团队的管理者，意味着你将承担更大的责任，意味着你要付出更多的心血，当然也意味着你需要具备更强的能力。与此同时，还要有更好的资历和环境支撑。综合能力的比拼，才能得出有竞争力的高分，而综合得分最高的人，无疑在晋升的竞争中会占据更加有利的位置。

想要获得更高的综合分数，在本专业、本领域中的高超个人能力会让我们在团队中更有威望，这一点是必须要具备的基础条件。除此之外，还有一些能力同时会左右你的最终分数，如图 9-1 所示。

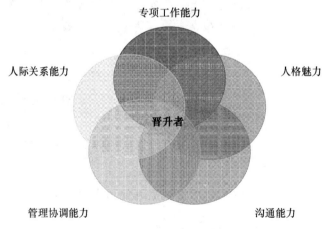

图 9-1 优秀管理者的综合能力要求

一个人的人格魅力决定了他的领导能力，也就是我们常说的非权力影响力，人格魅力越强就越容易带动团队。反之，则会在带领团队的过程中备感吃力，各种问题就更容易暴露，进而影响团队的效率。所以，人格魅力越强，综合分数就会越高。这就需要不断提升自己的格局、内涵，加强情商的培养，让自己的人格魅力散发出影响力。

管理能力和沟通能力是对一个团队负责人的基本素质要求。谁能够更好地管理团队的人、财、物、事，谁就能让团队更有机会拿到期待的战果。无论是对整个公司，还是对部门内部，能创造更大价值的人，一定更容易被大家接受并得到晋升。所以，想晋升的人需要不断开阔视野，提升管理能力，并多从更高的角度去看待和解决问题。

9.2 各类人员的职业发展通道

有不少公司会将岗位划分为不同的岗位簇。比如，有一家公司就把所有岗位划分为包括专业类、业务类、管理类、操作类等在内的岗位簇，并设定了相应的职业发展通道，如表9-2所示。

表9-2 某公司岗位簇及对应的职业发展通道

序号	员工类别	岗位簇	发展通道
1	科研人员	专业类	研究员→工程师→高级工程师→主任工程师→总工程师 （初级—中级—高级）
2	营销人员	业务类	业务员→营销专员→营销主管→营销经理→营销总监 （初级—中级—高级）
3	一般管理人员	管理类	助理→专员→部门主管→部门经理→总监 （初级—中级—高级）
4	技工	操作类	操作工→助理技师→技师→高级技师→技术总监 （初级—中级—高级）

技术人员职业发展路径参考

技术人员作为公司中技术传播和技术创新的重要人员，其职业发展问题必然要上升到组织战略管理的高度，所以设计科学、规范的职业发展路径能有效激励技术人员，增强企业竞争力。

（1）技术人员的发展定位。根据工作特点，技术人员可以选择三个方面的职业发展定位。

①组织内部发展

技术通道晋升：在公司设置的专业技术通道上晋升。

管理通道晋升：在公司设置的管理通道上晋升，但需要有一定的技术工作经验。

②横向选择

技术人员在积累一定的工作经验，且在公司内缺乏进一步发展的空间，或者薪酬、企业文化等同预期存在差距时，也可以通过选择其他相关职位来实现自身进一步发展的需求。这类定位通常适合具备三年以上工作经验的技术人员。

③从事技术管理咨询师和培训师职位

技术人员在积累丰富的技术管理经验后，转行从事技术管理咨询和培训工作也是一个良好的选择，其优势在于深刻理解相关行业背景和企业技术实践的环境。许多技术管理咨询公司的咨询顾问、培训师都是从技术管理工作岗位转化而来。

（2）企业技术人员常见职业发展路径示例。通常情况下，企业可以为技术人员创造的发展路径有四类。

①初级工的管理发展路径：初级工—高级工—技师—中级技师—高级技师。

②助理工程师的职称发展路径：助理工程师—工程师—高级工程师。

③助理工程师的专业发展路径：助理工程师—工程师—主任工程师—副总工程师—总工程师。

④技术专员的管理发展路径：技术专员—项目主管—项目经理—技术部经理—技术总监—总经理。

研发人员职业发展路径参考

传统研发人员的发展路径比较单一，研发人员的发展机会少、待遇落差大，从而大大影响了研发人员的积极性。所以，企业有必要设计研发人员的发展路径。

（1）研发人员职业发展定位。针对研发人员的工作特点，研发类人员可以选择五个方面的职业发展定位，具体内容如表9-3所示。

表 9-3　研发人员的职业发展定位

职业发展定位			具体描述
企业内部晋升	研发专家路径		追求所拥有的研发知识、研发成就获得本行业的认同，定位于这一通道发展的人员关注的是突出的技术成就
	研发管理路径		定位于这一职业发展轨道的人员希望承担更多的管理责任，发挥人、财、物统筹管理的作用
	其他路径	适用于基层研发员工	研发类员工可以根据个人特长、兴趣爱好转为从事非研发工作，常见的研发人员可以从事的其他岗位包括技术支持、技术服务类岗位以及市场类岗位等
		适用于具有一定经验的研发管理人员	可以转为其他部门的相关主管或经理，如研发经理转为技术部门经理或者质量管理部门经理等
不同组织相近职位		适用于积累较丰富经验的研发人员	在企业内部缺少发展空间的情况下，可以选择跳槽，寻找能够给个人发展创造空间，并能提供较好薪酬福利体系以及完善的人员管理体系的企业
个人创业		适用于具有丰富研发经验和管理经验的人员	研发人员个人创业也应当选择研发行业，或以研发作为组织核心竞争力的事业为起点

　　就企业而言，通常希望研发人员的职业发展同研发工作具有相关性，因此，一般企业较少为研发人员设置完全同研发无关的职业发展路径，主要原因包括两个方面：研发人员的招聘和培训成本都较高；研发人员由于其职业特点和个性特点，从事完全同研发无关的工作的倾向性较低。

　　（2）企业研发人员常见职业发展路径示例。研发类员工职业发展路径有三类。

　　①研发专家路径：新入职研发人员—研发工程师—高级研发工程师—研发副研究员—研发研究员—研发科学家。

　　②研发管理路径：新入职研发人员—研发项目主管—研发项目经理—高级研发项目经理—研发部门经理—技术总监。

　　③双重发展路径：新入职研发人员—助理工程师—工程师—高级工程师—资深工程师—技术总监。

生产人员职业发展路径参考

企业中的生产人员通常流动性比较大，所以设计规范、有效的职业发展路径能增强生产人员的稳定性，从而提高企业的效率。

（1）生产人员发展定位。依据工作特点，生产人员可以选择四个方面的发展定位。

①内部晋升。生产人员通过积累经验和参加培训，从基层生产人员逐步成长为管理岗位人员。

②内部职位调整。从事生产的基层人员，可以根据企业生产的需要和自身的需求，在不同的车间之间调整岗位；中层生产人员如生产主管、生产部门经理（副经理）等可以根据自身的兴趣爱好转岗为技术主管、技术部经理或研发工程师。

③不同行业同一类职位调整。在积累一定的工作经验，且在本企业内缺乏进一步发展的空间，或者薪酬福利、企业文化等同预期存在差距时，生产人员也可以通过选择其他行业的相关职位来实现自身进一步发展的要求。

④从事生产管理咨询师和培训师职位。生产人员在积累丰富的生产管理经验后，可以转行从事生产管理咨询和培训工作，其优势在于深刻理解相关行业背景和企业生产实践的环境。

（2）生产人员常见职业发展示例。通常情况下，企业可以为生产人员创造的职业发展路径有三类。

①生产操作人员管理发展路径：生产操作人员—班组长—车间主任—生产部副经理—生产部经理。

②生产专员管理发展路径：生产专员—生产调度员/计划员—生产主管—生产部经理—生产副总—总经理。

③生产操作人员专业发展路径：生产操作人员—中级操作人员—高级操作人员—资深操作人员。

营销人员职业发展路径参考

营销行业最大的特点就是"入行容易出行难"，并且营销人员的职业发展路径通常比较复杂，因此营销人员在构建自身的职业发展路径时，需要针对自身的工作特点慎重选择职业发展方向。

（1）营销人员发展定位。针对营销人员的工作特点，可以选择四个方面的职业发展定位。

①职业内部发展

专业岗位晋升。营销人员在积累一定的经验后，可以从公司或集团的分支机构、片区或分公司的营销岗位，晋升到更上一级的或公司总部做营销工作的部门，或者可以带领更大的营销团队管理大区市场。积累一定工作经验后，可以到公司下一级或多级的分支机构带领营销团队管理大区/省市场，或到某细分市场开辟新的业务，从而为晋升管理岗位奠定基础。

转向其他岗位。营销人员可以转向同营销经历相关的岗位，例如市场分析、公关推广、品牌建设与管理、渠道管理、供应商管理等岗位。如果有管理专业背景或者对管理感兴趣，营销人员可以发展的方向还包括市场信息或情报管理、行业研究、战略规划、人力资源管理、项目管理等岗位；如果在产品或行业的生产制造、运营、研究开发、设计等技术方面拥有一定的基础和优势，营销人员则可以往技术含量较高的岗位流动，包括运作管理、售前技术支持、产品测试、售后技术服务等。

②横向跳槽

营销人员在积累一定的工作经验，且在本企业内缺乏进一步发展的空间，或者薪酬福利、企业文化等同预期存在差距时，也可以通过选择其他行业的相关职位来实现自身进一步发展的要求。

③个人创业

具有市场发展基础的营销工作经历，是个人创业的优势，因为个人创业的市场开拓是最重要的工作，而具有营销经验的人员恰恰拥有这方面的资源和经验。所以，拥有这方面条件的营销人员可以进行个人创业。

④转做营销咨询和培训

在积累丰富的实践经验后，营销人员可以转行从事营销咨询和培训工作，其优势在于深刻理解营销行业背景和企业营销实践的环境；许多营销咨询公司的咨询顾问、培训师都是由营销工作转化而来。

（2）企业营销人员常见职业发展示例

通常情况下，企业可以为营销人员创造的职业发展路径有四类。

①营销专员管理发展路径：营销专员—社区营销主管—省/市经理—地区经理—大区经理—营销总监。

②营销/渠道专员管理发展路径：营销/渠道专员—销售主管—产品经理—营销部经理—营销副总经理—总经理。

③初级业务员专业发展路径：初级业务员—中级业务员—高级业务员—

资深业务员—营销顾问。

④客户专员专业发展路径：客户专员—客户主任—高级客户主任—客户经理—高级客户经理。

财务人员职业发展路径参考

企业中财务人员的待遇有很大的差距，设计有效合理的职业发展路径对增强财务人员的积极性和企业竞争力很有必要。

（1）财务人员职业发展定位。针对财务人员的工作特点，可以选择三个方面的职业发展定位。

①内部晋升。财务人员可以通过积累经验和参加培训，从基础财务人员逐步成长为管理岗位人员。

②内部职位调整。积累了一定经验的财务人员，如财务部经理，可以根据自身兴趣爱好转岗为人力资源部经理或行政部经理。

③从事财务管理咨询师或培训师职位。在积累丰富的财务管理经验后，财务人员可以转行从事财务管理咨询和培训工作，其优势在于深刻理解相关行业背景和企业财务管理实践的环境。

（2）企业财务人员常见职业发展示例。企业为财务人员创造的职业发展路径通常有三类，具体如图9-2所示。

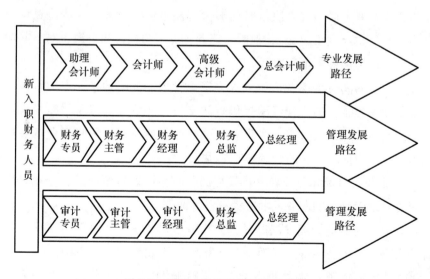

图9-2 财务人员常见职业发展路径

人力资源管理人员职业发展路径参考

人力资源管理者在企业中担任员工代言人和战略伙伴的重要角色，通常人力资源管理者的职业生涯发展存在单一性和狭窄性的问题。所以，企业应设计出适合人力资源管理者的职业发展路径。

（1）人力资源管理者职业发展定位。根据人力资源管理者的工作特点，企业人力资源管理者的职业发展定位有三类。

①内部晋升。内部晋升即纵向发展，意味着人力资源管理者在垂直方向从现有职位向更高职位的方向发展。在企业内部，通过积累经验和参加培训，人力资源管理者可以按照企业在人力资源管理岗位的职位序列依次向上发展。

②横向发展。人力资源管理者积累了一定的经验后，可以通过从事不同种类工作内容的职位，丰富自己的知识和阅历，成为某个方面或某几个方面专业的通才。人力资源管理者也可以进入其他职能部门从事其相关工作，如果拥有其他部门的工作经验，比如营销部门的或生产部门的，那么，对于胜任更高层次的管理工作是有益的。

③核心方向发展。核心方向发展意味着人力资源管理者没有纵向晋升，职位也没有横向移动，但是由于其从事的工作内容本身受到企业的重视，或者是在企业发展中遇到重大决策时能够参与甚至影响决策，虽然位置没有上升（可能报酬也不发生改变），但因为能拥有更多的权力和资源，对于其职业生涯来说，也是一种肯定和发展。

如果企业的高层管理者认识到人力资源管理的战略地位，人力资源管理者也具备能够为企业的管理经验提供行政支持、变革咨询以及战略发展意见的知识和能力，那么人力资源管理者就更有可能参与甚至影响企业的各项重大决策，自身也向着企业的管理核心靠拢。

（2）企业人力资源管理者常见发展路径示例。通常情况下，企业可以为人力资源管理者创造的职业发展路径有以下两类。

①人力资源助理管理发展路径：人力资源助理—人力资源专员—人力资源部门主管—人力资源部门经理—人力资源部门总监（CEO/CHO）。

②人力资源助理专业发展路径：人力资源助理—人力资源专员—人力资源规划/招聘/培训/绩效管理/薪酬管理/员工关系管理主管—人力资源专业顾问—HR 专家。

大咖案例：如何"坐电梯"晋升

企业就像一台精密的设备，只有每一个零件的正常运转，才能保证整体运行地良好。而在运转的过程中，只有最直接接触的两个零件才最了解彼此。那么，如何在团队中更好地让自己的价值被广为认可，或者说如何让主事的领导更早、更快地了解自己？如何利用（如坐电梯与领导偶遇）几分钟甚至十几秒钟的时间把自己推销出去呢？

这里的"坐电梯"晋升，指的就是如何抓住和领导一起坐电梯的机会，巧妙地运用这几分钟或者十几秒钟的时间，打招呼、帮领导操作电梯按钮、汇报工作，恰当地表现自己。

在职场中，这真的是一个几乎天天发生的情境，但是在类似的事件中，如果你有不同的选择，就会给领导留下不同的印象。也许有些人认为无所谓、没必要，也许在有些人看来这是溜须拍马，但是这个过程中不同的行为却反映出不同的观念和情商。员工与领导同坐电梯的三种行为方式，如图9-3所示。

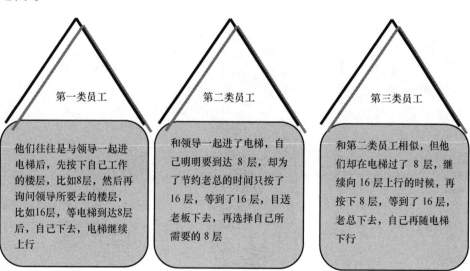

图9-3 员工与领导同坐电梯的三种行为方式

第一类员工，明显处理事务不分轻重缓急，不懂得老板的时间更宝贵，不会从领导者的角度考虑问题，只顾着自己，这种员工的职场发展前景不甚乐观。

　　第二类员工，又显得过于附和领导却忽视了自己的工作效率，同时没有利用好有限的机会表现自己。知道为老板考虑，却不懂得为自己计划，不会在正确的时间展现自己，容易在大浪淘沙中被埋没，即便将来的事业有所成就却也有限。

　　第三类员工，虽然只比第二类员工多做了一点，却脱颖而出，把自己的良苦用心表现出来——一方面节约了老板的时间，另一方面也重视了自己的工作时间，给老板留下敬业的印象，赢得了老板的赏识。

　　所以，我们要思考的是，在工作中曾经有哪些时候没有抓住机会表现自己。同时，想想未来或者明天还有哪些类似"坐电梯"的机会可以抓住，让我们能更好地表现自己。因为，上班不是从你坐在办公室电脑前才开始的，有必要多想想那些让自己赢得更多晋升机会的情境，提前彩排一下吧！

9.3 晋升前先培养好接班人

对于各个岗位的晋升，企业的做法更多的是衡量将要晋升的人在岗位上创造的可能价值，却往往忽略了这个人对于接班人的培养。中国企业教父级人物柳传志在谈论培养接班人的问题时曾说，自己工作的最后十年只做一件事，那就是对自己接班人的培养。

其实，无论是像联想这样的巨头，还是今天依然在波澜壮阔的商海中沉浮、未见什么大名堂的企业，对接班人的培养都应该作为一项战略来考虑。那么，对于个人的晋升来说，具备接班人的素养和能力的重要性就不言而喻了。

不考虑接班人的培养，对于企业来说就相当于只考虑今天而不考虑未来，对于个人来说就是无法获得晋升。因为没有接班人，你升上去后，原来这个岗位的继任者无法让各项工作的衔接像原来一样顺畅，就会让这个岗位从原来的产生价值变成组织的黑洞。特别是一些关键岗位人员的调动，晋升前必须先培养好接班人。

简单地说，如果企业培养了一套同样能力的人马，至少在短期内可以复制一个当前的企业；如果企业培养出更优秀的接班人，就能保证企业的明天会更加辉煌，至少可以让当前的战略得以延续和发展，让企业更好地稳步前进。

晋升涉及的多种职业发展通道，本章前面已经讲过，这里我们主要针对管理人员的晋升谈一点笔者的经验，包括管理人员的级别划分标准、经理人的技能要求和各类经理晋升的培训选题等。

（1）管理人员的级别划分，如表 9-4 所示。

表 9-4　管理人员三个级别的划分

管理人员级别	人员划分标准	主要工作职责
基层管理人员	在企业生产、销售、研发等生产经营活动第一线执行管理职能的管理人员	直接指导和监督下属员工现场作业活动，保证各项任务的有效完成
中层管理人员	处于高层管理人员和基层管理人员之间的一个或若干个中间层次的管理人员	贯彻执行高层管理人员所制定的重大决策，监督和协调基层管理人员的工作
高层管理人员	其决策对整个企业的发展有重大影响，在企业中充当领导者、决策者、监督者、革新者、制度制定和维护者、控制者、培训者的角色	制定组织的总目标、总战略，并评价整个组织的绩效

（2）经理人的技能要求，如表 9-5 所示。

表 9-5　经理人的技能要求

技能方向		技能知识
基础知识		专业技术知识、经营核算知识、如何设定目标、如何做好预测、如何制订计划与预算、如何设计组织结构、如何编制进度报告、如何评估工作成果等
专业技能		行业生产流程、先进技术、成本管理、设备更新换代、经营模式、时间管理、项目管理、目标管理、安全管理、突发事件处理等
管理技能	基本管理技能	中层管理者的角色、定位与责任
		中层管理人员的职业素质要求
		高绩效团队建设与管理
		上下级关系的处理与协调
		先进技术和设备知识的补充与实际运用
		基层管理人员的安排与调配
		如何提高员工的总体技能水平
		如何提高员工的整体素质
		如何提高员工的满意度
		如何改善员工的工作环境
		如何培养一名合格的基层管理人员
	领导能力培训	对企业文化和价值观的理解和运用
		对事件的处理能力和整体把握能力
		及时处理及运用信息的能力
		如何有效激励基层管理人员
		如何加强基层管理人员的沟通与团结
		如何树立一名优秀经理人的威信

（3）各类经理晋升的培训选题，如表9-6所示。

表9-6　各类经理晋升的培训选题

各类经理级别的划分	晋级培训选题		
生产经理	角色定位	主要工作职责	日常工作重点
	生产管理运作系统	生产车间环境管理	生产计划管理
	行业先进生产技术与流程	生产模式优化与改进	生产设备的更新换代
	生产效率的提高	生产流程优化与改进	产品质量管理
	生产安全管理	生产主管培训与激励	上下级沟通技巧
销售经理	主要工作职责	日常工作重点	市场营销知识
	本行业销售专业知识	大客户分析与开发	客户关系管理
	客户服务管理	客户信息管理	销售成本的控制
	销售数据的整理与分析	销售人员团队建设	销售主管的激励
	销售目标分解	销售区域开发与管理	销售主管培训管理
	广告与宣传策略	促销活动策划	卖点分析
	成功人士经验	销售主管心态	销售主管自我解压
财务经理	晋升岗位任职资格	工作难点与重点控制	财务管理类知识
	预算编制与管理技巧	现金流管理与控制	纳税筹划实务
	经营核算与盈亏分析	企业赊销与风险控制	有效授权
	团队建设与管理	时间管理	压力与情绪管理
人力资源经理	主要工作流程和职责	工作难点与重点	人力资源法律法规知识
	人力成本管理	劳资关系管理	职业生涯规划管理方法
	离职面谈技巧	卓越领导力	如何辅导和培养下属
	商务礼仪	创新思维顶级训练	沟通技巧
技术经理	晋升岗位任职资格	日常工作重点	技术规范
	行业先进技术	设备的更新换代	先进技术的引进与开发
	技术创新	企业流程再造	技术主管的管理
	技术人员团队建设	技术主管培训与激励	上下级沟通技巧

智慧工具：管理技能开发的工具包

晋升前先培养好接班人，好的。那么，有没有配套的管理技能开发的工具或者方法呢？有的！进行管理技能开发，前置条件是要对管理人员培训的特点和要求进行界定，然后再在分析的基础之上，综合考量选择适合的训练方法。

管理人员培训的特点和要求主要涉及六个方面：

1. 层次性和实用性相结合

不同层级、不同岗位的管理岗位人员培训方式、培训内容有差异，这就要求针对不同层次和岗位的管理岗位人员进行不同的培训。

2. 人际交往与专业能力培训相结合

管理岗位人员的工作内容几乎都是跟下属、同事、上司的沟通，人际交往能力与个人专业能力都非常重要，在培训过程中也需要着重强调，将人际交往与专业能力的培训结合进行。

3. 培训要求高

管理岗位人员的个人素质在企业中相对较高，他们对培训内容、培训方式、培训讲师等方面的要求也较高。

4. 培训时效性强

对管理岗位人员进行培训的主要目的是解决企业当前遇到的管理问题，以提高工作成效。因此，培训的内容重点也是针对这些问题的解决进行设置。特定阶段，企业遇到的问题不同，培训重点也不同，培训时效性较强。

5. 辅导性和咨询性相结合

管理岗位人员在专业技能、理论知识、实际应用以及理解能力等方面都相对较高，对管理岗位人员的培训不应是理论知识的填鸭式灌输，而应该强调实用性，重点在于对管理岗位人员遇到的问题进行咨询和辅助，引导他们思考，进而解决问题。

6. 培训方式灵活

培训岗位人员的素质和人群特点决定其在培训过程中会提出一些新的要求，这就需要讲师在培训过程中灵活处理，培训方式适用上要灵活。

管理人员管理技能开发主要有三类 15 种方法，如表 9-7 所示。

表 9-7　管理技能开发三类 15 种方法

类型	方法名称	运用指导
在职训练方法	职务轮换	使管理者在不同部门的不同管理岗位或非管理岗位上轮流工作
	设立副职	通过受训者与有经验的管理人员共同工作和管理人员对受训者的特别关注，从而拓展受训者的思维，增加他们的管理经验
	临时提升	就是通常所说的"代理"主管，例如主管休假、生病、出差或者由于其他原因导致职务空缺时，常采用此方法
传统培训方法	替补训练	把一些工作较为出色的管理人员指定为替补训练者，除原有责任外，要求他们熟悉本部门的上司职责
	敏感性训练	又称为"T 小组""恳谈小组"或者"领导能力培训"。在训练过程中，人们坦诚地交流，并从培训者和小组其他成员那里获得对自己行为的真实反馈
	案例评点法	要求注重案例的遴选、实际角色分析、案例的点评和升华
	事件过程法	有组织的、带有戏剧性地处理案例的一种方法
	理论培训	学习管理的摹本原理以及在某一方面的一些新的进展、新的研究成果，或就一些问题在理论上加以探讨等
	专家演讲学习班	使管理人员或潜在管理人员倾听各个相关领域专家的演讲
	大学管理学习班	如大学举办的各种实习班、报告会、讲座和正式的学习班
	阅读训练	有计划地阅读当代的有关管理文献
创新培育方法	文件事务处理训练法	也称一揽子事件法。这是一种训练企业管理人员快速有效地处理日常文件和事务的方法
	角色扮演法	把一组主管人员集合在一起，设定某种带有普遍性的或比较棘手的情况，让几个人分别饰演其中的角色，把事件的过程表演出来
	管理游戏法	游戏方式有对抗赛、模拟市场竞争等，可以按一定市场划分，也可以按一家企业或一个职能部门划分。这种方法要求学员在一定的规则、程序、目标和输赢标准下竞争，往往是全组合作达到一个共同目标
	无领导小组讨论法	将学员集中起来组成小组，就某一给定的主题展开讨论，事前并不指定讨论会主持人，学员在讨论中可以自由发挥

第 10 章

充电地图：量身定制我的成长矩阵

有些人在职场中处于迷茫状态，不知未来自身所处岗位的成长空间；有些人很满足，认为当下工作状态已经很好，稳定的职业不会遭遇淘汰与裁员；也有些人在职场中努力上进，却进步与成长极慢，总是感觉落后他人。那么，到底是什么阻碍了你的成长？是什么影响了你的职业发展？又是什么能够促进你离智慧职场成功更近一步？

　　当你的才干还撑不起你的梦想的时候，你可以静下心来学习；当你的能力还驾驭不了你的目标时，你可以沉下心来历练；梦想，不是浮躁，而是沉淀和积累，只有拼出来的美好，没有等出来的辉煌，机会永远留给那个最渴望拥有的人，学会与内心深处的你对话，问问自己，想要怎样的人生，静心修炼，耐心沉淀。

　　可以说，我们在前面进行了有的放矢的探讨，也提出了不算颠覆以往、却有创新的观点、方法和工具。但是，这些已经够了吗？远远不够，我们还要更美好的诗和远方……

　　我们还能否在未来职场中占有一席之地而不被时代的列车所遗落？又或者，我们还能否站得更高一点儿、想得更远一点儿、做得更好一点儿？长江后浪推前浪，我们如果成为所谓的专家、大咖或行业领袖，想维持某种地位的时间更长一点儿，怎么办？

　　充电、放电、再充电；你可以被模仿，不可以被替代；在智慧职场中，你有你合适并稳固的位置。

10.1 美第奇效应与跨界人才

　　"美第奇效应"，源于 15 世纪意大利的美第奇家族及其在文艺复兴时期集中出现的创造活动，也就是在思想、观念和文化的交汇点上爆发出灵感。从这个含义出发，我们大致可以了解：当思想立足于不同领域、不同学科、不同文化的交叉点上，你可以将现有的各种概念联系在一起，形成大量不同凡响的新想法。

谁是"潜力股"？谁是"矮人"？职场成功人士的样貌

　　如果有一幅画像，未来的职场成功人士应该是什么样貌的？如果有一个工具箱，未来的职场成功人士的"必杀技"使用什么"武器"？如果有一个公式，未来的职场成功人士的内涵应如何表达？可以说，未来的职场大咖 = 智慧 + 创新 + 创造 + 跨界 + （　　）（这个括号的内容由你来填上）。那么，让我们在"创"的源头继续探讨。

☞ "美第奇家族"（Medici Family），是佛罗伦萨13—17世纪在欧洲拥有强大势力的名门望族。有一种说法是：美第奇家族是一个名叫阿伟拉多的骑士的后裔，在8世纪，他为查理曼攻取了伦巴迪亚区。美第奇家族传说记载，有一个威胁四邻的巨人，阿伟拉多听说后，就进入穆杰洛（靠近佛罗伦萨的一个僻静河谷）去寻找那个巨人，并向他挑战。当他们彼此面对时，那个巨人挥舞着他的狼牙棒向阿伟拉多砸来，阿伟拉多低头躲了过去，狼牙棒的铁球打在他的盾牌上；最后，阿伟拉多设法杀死了巨人。

美第奇家族的创始人从银行业起家，涉足金融、文化、政治，在14—17世纪的大部分时间里，他们是佛罗伦萨实际上的统治者。早在文艺复兴时期的意大利，美第奇家族就曾经资助过在各学科领域中创新的人，使得多学科、多领域的交叉思维创造出惊人的成就。无论是在银行、艺术、哲学还是政治等领域，这个家族的所做所成，都为其赢得了不朽的声名。后来人们得到启发，把各个领域和学科的交叉点上出现的创新发明或发现，都称为"美第奇效应"。

与美第奇效应关联最为密切的一个词是"跨界人才"。跨界，是指从某一属性的事物，进入另一属性的运作，即主体不变，事物属性归类变化。尤其是进入互联网经济时代，跨界更加明显、广泛，在跨界营销方面，各个专业群体不断融合、渗透，创造出更多新型、发展强劲的经济元素，这其中跨界人才是这一浪潮的推动者和受益者。跨界人才，简而言之，就是掌握两个及两个以上行业的专业知识或技能，并有所造诣的复合式职业人才。

在《美第奇效应》一书中，创新专家弗朗斯·约翰松把思维分为单向思维和交叉思维，并告诉人们：当不同领域发生交叉时，资源、想法和行动之间相互碰撞、深度融会，往往能产生 1+1>2 的效果，智慧职场亦是如此。随着人才市场的日益细分，新型跨界职业人才还将不断涌现。一位资深的职场专家指出：跨界，意味着你可以整合更多的资源，可以胜任更多的角色，当然比一般人更容易成功。

近年来，许多职场精英考虑的"动"一下，已经不再是简单地换个工作，而是离开熟悉的行业和岗位，转投其他行业或领域，寻求全新的发展机会，这种"跨界"就是多重职业发展方向。跨界意味着从熟悉的行业进入陌生的领域，而传统的职业规划思维给求职者的最大影响就是要深耕某一个领域，成为行业专家。那跨界是否意味着进入"雷区"，不利于求职者的职业规划？

其实不然，跨界是一种创新的成长路径。

面对互联网对传统行业的冲击，很多人开始跨界，并逐渐成长为跨界人才。招聘专家认为，在互联网快速发展的当下，人才跨界已屡见不鲜。跨界，本质上还是职场职业发展的问题。如果在大型招聘网站搜索关键词"跨界"，你会发现不少传统行业也在招聘跨界人才。比如，某房地产投资公司会招聘新媒体运营专员，要求应聘者擅长策划原创内容，撰写高质量的"软文"和"段子"。

历史上多次出现过因跨界而做出卓越贡献的案例，其中有些产生了重要的发明成果，有些则可能使历史事件发生了重大的转折。从结果上讲，跨界是有必要的，虽然这个过程并不容易。

一个具有代表性的例子是美国的华盛顿将军，他是杰出政治家、军事家、革命家，美国开国元勋、国父、首任总统，绝对的大咖级人物。

华盛顿首先是个军人，然后才是政治家。不过，他和拿破仑这些从小学习军事的人不同，小时候他其实和当时大多数家境较好的孩子一样，被送到教会学校去学习拉丁文，不过他对数学更有兴趣，而且数学一直非常好。华盛顿的数学基础对他后来绘制和使用地图指挥作战很有帮助。华盛顿长大以后的第一份工作是弗吉尼亚费尔法克斯县的助理土地勘测员，这份工作使得他对野外生活和地形地貌积累了很好的经验，为他日后利用地形作战打下了基础。在后来的独立战争中，华盛顿的部队经常被英国人打散，但是他硬是靠着做过土地勘测员的经验将那些被打散的部队再次聚拢起来。

第二个例子是摩尔斯电码的发明人——摩尔斯（Morse）。他是一位在美国绘画史上非常有名的画家，给很多名人，包括美国第二任总统约翰·亚当斯等画过肖像。而摩尔斯在发明电报之后，还继续以作画和卖画为主业。摩尔斯发明电报码更是一个纯属偶然的事件。他在华盛顿为美国历史上一位重要人物作画的过程中收到妻子病重的消息，因路途遥远未与妻子见到最后一面，伤痛过后开始致力于寻找快速通信的方法。靠着这种信念，他发明了电报码和实用的电报机。

还有一位实现跨界转型的大咖就是学画画的富尔顿，他发明了工业革命时期非常重要的蒸汽船。富尔顿在英国期间，遇到了改变他一生命运的人，这个人就是瓦特。受瓦特的影响，富尔顿迷上了蒸汽机和各种机械。在绘画之余，他开始学习数学和化学，这为他后来成为发明家奠定了坚实的理论基础。在英国期间，富尔顿还遇到了著名的空想社会主义理论家、实业家欧文，并且开始为后者设计和发明各种机械。1798年富尔顿发明了利用螺旋桨驱动的蒸汽船，并且在美国和英国申请了专利。当然，后来富尔顿又跨界成为一名商人，并且持续跨界成为纽约州州长。

还有一些所谓的全才，比如牛顿等人，知识体系极为庞大，以至于能够在很多领域都有所建树。牛顿不仅在数学、天文学、力学、光学等诸多领域取得了旷世的成就，而且还发明了识别假币的方法，可谓是另一种跨界。

跨界是有必要的，特别是有助于实现突破性的创新。一个领域内的人常常囿于其思维定式，很难突破自己。重大的突破常常需要引入外来的技术，而跨界的人恰巧能有这些优势。什么样的人适合跨界或者说容易跨界成功呢？

跨界的人通常在原有的专业或者行业已经获得了成功。因为，如果一件事都做不好，只想着跨界去做好别的事情，那是根本不可能实现的。而且，跨界要有过硬的专业知识。一般来说，跨界成功的人会在某一方面有一定天赋，只是他们过去没有发掘自己这方面的天赋而已。一旦他们发现了自己这方面的特长，并将其用在新的领域就会比其他人更容易成功。另外，跨界者的思想都是非常开放的，愿意接受新东西，拓展新思维，而不是固化原有的思维模式。

相比历史上的那些取得巨大成就的名人与现代职场中的精英人才，作为大众职场中的普通人同样需要"跨界"和选择"跨界"，并可以遵循"跨界"发展的趋势，采取跨界行动。跨界不是精英人士的专利，但在现代职场中，只有能够跨界，才能成为职场智慧精英。

未来，将是科技主导的社会，越来越多的人工岗位将被大数据、人工智能所取代，尤其是单一操作的、机械性的、数据性的、复制性的岗位，等等。因此，无论我们身居何种职位，没有挑战与上升的岗位迟早都会被淘汰。只有保持自身价值并不断创造新的价值，方能在职场中有所成就。而不断提升自我，就应该努力做到知识面要跨界、思维模式要跨界、思考力也要跨界，这些意识和行动，就从眼下的本职工作开始吧！

智慧职场的跨界与创新、创造，需要从一点一滴做起，积少成多、厚积薄发才能水到渠成。

10. 2 学习过程与学习曲线

水低成海、人低成王，圣者无名、大者无形。才高不自诩，位高不自傲。在职场中我们也要终身学习、持续进步。

学习的敌人是自己的满足，要认真学习一点东西，必须从不自满开始。对自己，"学而不厌"，对他人，"诲人不倦"，不去学习，哪来知识？不去工作，哪来财富？不去拼搏，哪来成功？不去尝试，哪来的机会？所谓困难，困在家里就难。所谓出路，走出家门就有路。思路决定出路，格局决定结局，学习决定成功。

提升观察力和规则意识是一种学习，对标和复盘是一种学习，读书是一种学习……在具体实践中，学习过程与进度无疑是职场精英必须关注的两个方面。其中，学习过程是有步骤可循的，学习进度可以用学习曲线表示。

1. 学习过程

学习过程主要包括预期、知觉、加工存储、语义编码、长期储存、恢复、推广、回馈八个步骤。

（1）预期。预期是指学习者带入学习过程的一种思想状态，包括培训前的准备，对培训目标的理解，判断将学习成果应用于工作中可能带来的益处。

（2）知觉。知觉是指对从环境当中获取的信息进行组织整理，使其经过加工处理后能作为行为指南。

（3）加工存储。在加工存储中，会出现信息的编排和重复，使得资料可以编入记忆中。研究表明，加工存储受一次能够加工的材料量的限制，每次存储的信息不宜超过 5 条。

（4）语义编码。语义编码是指信息来源的实际编码过程。加工存储的语义编码都与短期记忆有关。

（5）长期储存。当信息被关注、编排和编码后，这些信息就可以存入长期记忆中。

（6）恢复。恢复包括找到存储于长期记忆中的学习内容，然后用其影响绩效。

（7）推广。学习很重要的内容不仅是能够准确重复学过的东西，而且还要能够在类似而又不完全相同的环境中应用所学内容，即推广。

（8）回馈。回馈是指通过学习者运用所学内容获得的反馈，这种反馈使之能够采取更为切合实际的行动，并提供对工作业绩进行激励或强化的信息。

2. 学习曲线

学习曲线，是一种表现学习进度的有效方法。学习曲线可以向受训人员和培训者提供有效的信息，如若培训中发现进入停滞期时，需要采取一种不同的方法，如鼓励措施。当实行新的人力资源培训开发项目时，学习曲线可以向未来的培训者和受训人员表达进步预期值，也可以用它帮助计划、安排未来的培训课程。

以下是学习曲线的区分图，具体如图 10-1 所示。

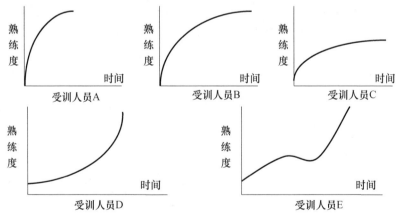

注：1. 受训人员A的学习曲线表现出很快的学习进度，短时间内就达到了很高的程度。
　　2. 受训人员B的学习曲线表现出较低的学习进度，培训结束时达到程度比受训人员A要低。
　　3. 受训人员C很快就达到了中等水平，但之后尽管持续努力却收效不大。
　　4. 受训人员D与受训人员C恰好相反，该受训人员开始进步缓慢，然后却平稳地上升到一个较高的水平。
　　5. 受训人员E的学习曲线表现出起初进步很快，在培训中期一度进步缓慢，在后期又恢复原来的程度。

图 10-1　学习曲线区分图

智慧观点：读书可以经历一千种职场

读书，是一个民族振兴、持续发展最为基础、最为关键的力量。在知识经济勃兴的今天，读书不仅关乎个人修身养性，更是一个终身学习的过程和区别于常人的资本。通过读书，我们可以掌握更多知识、获取间接经验，还能了解别人职场之路的经验与教训。

通过阅读，你能够与先贤们博古通今，你能够与文人骚客们煮酒论歌，你能够从无数正反面的故事中，通过复盘汲取精髓，形成具有正能量导向的"三观"。

读书，能帮你开阔视野，你不再局限于小小生活中的一隅，你可以无拘无束地畅游古今中外，学识遍布四海。随着读书范围的扩大，你也会练就广博的心胸与远大的理想和信念。

多读书，可以帮助你在职场中快速学习和融入，让你如鱼得水，还能深挖你的潜能，强大自己的内心，从容应对各种突发状况；读书也可以教会你沉静、大度、包容，学会换位思考。

书本中有知识理论和历史文化的积累，也有整个社会动态发展的缩影，工作中的我们所处的社会其实就是职场，从书中可以看到社会百态，有经历过的，有没经历过的，这些职场百态你看得越多，就了解得越多，也经历得越多。而这些文字"经历"，恰恰会为你提供更多场景，促使你深度思考、快速成长。

多读书，可以让你和你的爱人，不止讨论柴米油盐酱醋茶，还可以谈论琴棋书画诗酒花。多读书，可以让你成为一个有温度、懂情趣、会思考的人，可以让你在跌宕起伏的职场生活中，拥有处变不惊的内心，让你在未来职场中，能够独自渡过那些漫长、幽暗的岁月而不怨天尤人。

通过读书充电与领悟，避免踏进职场前辈已经栽过跟头的"大坑"，以指数级的速度快速汲取职场前辈的智慧生存的"道""法""术"，因为，所有的经验和教训不一定都要你亲自去实践一次，生命何其短，我们要站在前辈的肩膀上，才能更快速地成长。

大咖案例："建库"——以内容为王

"建库"，即构建创作、培训和咨询的时尚素材库，使笔者在授课、会议、大型活动现场表现出众。不相信？那么，请到笔者的大库里来转一转吧！大库里有七大亮点库：原生态案例库、测试测评库、音频视频库、游戏库、故事库、寓言库和 FLASH 库。

亮点库 1：原生态案例库

原生态案例库的建设包括原生态案例的收集、整理、管理、应用四部分，下面主要介绍原生态案例的收集和整理。

（1）原生态案例的收集。原生态案例的收集就是通过各种渠道寻找适当的课程开发案例，具体通过以下三种渠道来收集原生态案例。

①网络资料整合，即通过互联网寻找课程开发相关的原生态案例资料，并对收集后的资料进行整合，整理出完整、符合要求的案例。

②外部购买，即通过购买的方式来获得更为专业的案例资料，这种方式比较省时、省力，但是需要花费较多的资金。

③实际调研开发，即通过实地调研、考察来收集原生态案例资料，这种方式需耗费较多的人力、物力。

（2）原生态案例的整理。对原生态案例的整理，就是对收集而来的课程开发案例资源进行筛选、分类的过程。

①原生态案例资源筛选，即根据组织课程开发原生态案例库的需要，依据特定的标准进行，通常在建库初期所有课程开发的原生态案例资源均收录入库。

②原生态案例资源分类，即根据既定的划分标准，如行业、内容、地域等对原生态案例资源进行归类。

亮点库 2：测试测评库

测试测评是指运用心理学、管理学、测量学、社会学及计算机技术等知识，由测评主体采用心理测试、面试、情景模拟等方法，对被测评者的性格特征、发展潜力等心理特征进行客观测量与科学评价的过程。

课程开发测试测评库主要收录课程开发测评工具、方法等相关内容。为了实现高效管理，课程开发测试测评库的管理应按照以下程序进行。

（1）内容规划。确定课程开发测评库建设的具体内容。

（2）确定标准。根据企业相关的规定确定测试测评库建立的标准，必须细化到对课程开发测评资源每个属性的具体要求上，以便于操作。

（3）编制评价指标。编制课程开发测试测评资源的评价指标，这主要是作为后期对征集的测试测评资源进行审查、分类的依据。

（4）建库培训。对课程开发测试测评库建立的有关人员进行培训，使其掌握工作的技术细节，明确测试测评库建立的目的、任务和整体实施计划等。

（5）资源征集。分配资源征集任务，并向企业各部门下发。

（6）资源审核。由课程开发测试测评库建立的管理人员，来组织相关专家及部分使用人员按照已定的"评价指标"对征集的测试测评资源进行审核、筛选、优化和整合。

（7）资源入库。利用计算机网络技术，将测试测评资源批量或单个存入数据库中。

亮点库3：音频视频库

课程开发音频视频可以按照音频视频主讲人、来源、内容、时长等进行分类。其中，音频视频库中音频视频的存储格式，主要包括四种，AVI格式，适于在PC平台上使用；Quick Time格式，适于Apple系列使用；MPEG格式，主要在单独欣赏较大规模素材时使用；流式媒体格式，适于在网络上实时传输，供实时教学使用。

通常情况下，企业建立的课程开发音频视频库中所有的音频视频资料都要求制作成REAL流式媒体（RM）格式，如有其他格式的音频数据，如AVI、MPEG、MOV等，则需要提交两份，一份是原格式的音频视频，另一份是转换为REAL流式媒体格式的音频视频。另外，为保证音频视频资料的播放质量，一般而言，所建立的音频视频库内视频类资料每帧图像颜色数不低于256色，或灰度级不低于128级，且应该确保视频类素材中音频和视频图像的同步性。

亮点库4：游戏库

课程开发游戏库是可以用于课程开发的游戏资料的汇集，其中这些游戏资料都应经过系统的整理。

（1）课程开发游戏库的特点。一个合理、有效运行的课程开发游戏库应具有六大特点。

①客观性，即游戏库中所涉及的游戏内容、说明及评论等，不反映游戏库资料整理人员或管理人员的个人观点、倾向等。

②有序性，即资料管理员应对游戏库资料进行有序的、智能的管理，方

便游戏资料使用人查询和使用。

③整合性，即将有关一定主题的、原本分散的各个游戏集中在一处成为整体。

④独立性，即游戏库中各部分是可以分开的，各个游戏资料可被单独调用。

⑤服务性，即为使用者提供适当的游戏资料，作为课程开发人员进行决策、研究等活动的支撑，帮助其进行课程开发。

⑥开放性，即课程开发游戏库需要不断更新、完善。

（2）课程开发游戏的分类。课程开发游戏，可以分为领导能力培训游戏、沟通能力培训游戏、执行能力培训游戏、激励能力培训游戏、团队建设培训游戏、创新能力培训游戏、绩效管理培训游戏、教练能力培训游戏、问题解决能力培训游戏等。游戏库体系，如图10-2所示。

亮点库 5：故事库

课程开发故事库的建设，有助于培训教师在授课过程中需要故事支持的时候快速寻找到合适的故事。

课程开发故事库中的故事，要以"有效区分、方便寻找"的标准进行划分，实现合理归类。故事可以将故事用途、主人公的知名度、所用语言、发生地点、适用对象、故事作用、故事属性等作为划分标准。另外，为保证所建立的故事库在应用过程中的安全性、可靠性等，故事库需具备收录、预览、下载、审核、搜索、定制、删除、记录和评论的功能。故事库内容，如图10-3所示。

亮点库 6：寓言库

寓言是一种深受广大读者喜爱的文学形式，在生动有趣的故事中，蕴含着深刻的哲理和人生智慧，给人以思想的启迪。

培训教师在培训中，经常会通过讲述寓言引导受训者得到相关的知识。课程开发寓言库中这些寓言的来源主要有宗教经典、传统的寓言经典、从媒体上得到的寓言、自编寓言等。

在寓言库中可以按照以下分类方式，对寓言进行分类，如图10-4所示。

领导能力 培训游戏	角色认知	授权管理	学习创新	团队建设
	目标管理	控制管理	激励管理	压力管理
	决策管理	用人管理	沟通管理	危机管理

沟通能力 培训游戏	沟通方式	发问能力	与客户沟通	与同事沟通
	表达能力	倾听能力	与下属沟通	与上司沟通
	反馈能力		人际交往能力	

执行能力 培训游戏	计划管理	快速行动	细节管理	效率管理
	时间管理	解决问题	随机应变	方法管理
	团队合作		压力管理	

激励能力 培训游戏	激励方式	信任激励	离境激励
	目标激励	行为激励	激励下属
	潜能激励	感情激励	自我激励

团队建设 培训游戏	团队目标	团队协作	团队领导
	角色认知	团队信任	团队激励
	团队执行	团队沟通	团队压力管理

创新能力 培训游戏	创新意识	学习创新	营销创新
	逻辑思考	自我创新	服务创新
	逆向思维	管理创新	创新方法运用

绩效管理 能力游戏	时间管理	任务分配	效率管理	绩效考核
	目标管理	方法运用	激励管理	绩效改进

教练能力 培训游戏	人才识别	心态管理	方法运用	团队学习
	团队组建	沟通指导	差距分析	自我学习

问题解决 能力游戏	识别能力	分析能力	沟通能力	行为能力
	方法技巧		学习能力	

图 10-2　游戏库体系

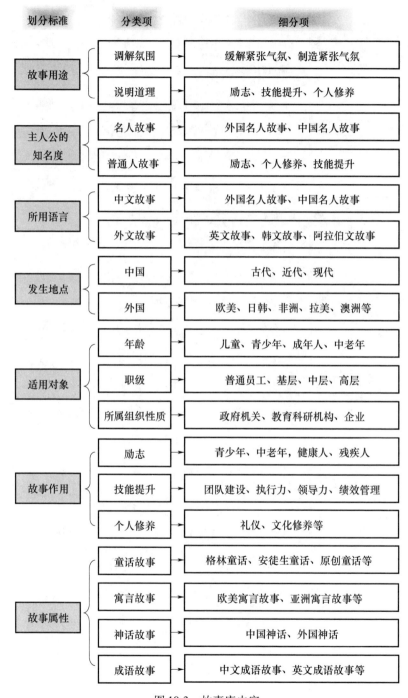

图 10-3　故事库内容

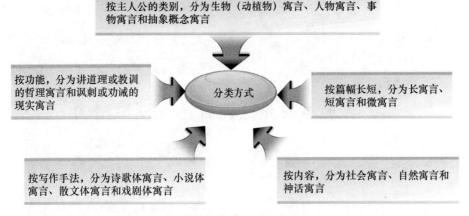

图 10-4　寓言的分类

亮点库 7：FLASH 库

建设 FLASH 库是为课程开发提供 FLASH 资料，用以增强课程内容的表达力和可读性，高效的课程开发 FLASH 库应满足五个基本条件，即 FLASH 资源齐全，分类合理；可以自行添加 FLASH；能够进行方便、快捷地进行 FLASH 资源检索；有一定的权限设置；系统维护和管理简单。

课程开发 FLASH 库建设可以分为以下四个阶段。

（1）资源收集阶段。结合课程开发工作，综合运用网上信息检索、文献调查及面谈等方式收集课程开发相关的 FLASH 资源。

（2）资源整理阶段。利用各种方法对收集到的 FLASH 资源进行分类整理，可以按照时间、关键词划分，每个大类下面又可以分为不同的小类。

（3）资源维持阶段。通过备份、电脑存储和数据刻盘等多种方式储存信息，并按分类目录补充、更新 FLASH 资源。

（4）资源显示阶段。通过内部和外部网络系统及内外部资料系统，实现课程开发 FLASH 资源的输出。

10.3
永不放弃挖掘自己 & 团队潜力

任何社会性环境或氛围中，自己既是主体也是客体；既是独立个体的又是团体中的一员；既有别于其他个体（差异），又融于其他个体（共性）。生命的长河中，我们都是平凡而又不平凡的。

有目标，走得再慢也在前进；徘徊纠结，心里再急，也是停滞；勤奋没有低质量，只要开始，就永远不会迟到。

👉 香港"水饺皇后"臧健和，1945 年出生在山东日照市一个贫穷的小山村。年轻时的臧健和与一位泰国华侨医生相识并成为夫妻。结婚六年后，丈夫回国继承遗产却一去不返，三年后她带着家人千里寻夫却被无情抛弃。

随后，举目无亲的臧健和就带着家人定居香港，靠做苦力维持生计，从摆路边摊的贫穷小贩，做成了著名的"湾仔码头"速冻食品品牌。2000 年，臧健和被美国 STAR 国际企业顾问公司评选为"世界杰出女企业家"。"酒香不怕巷子深"，一个携家带口的离异女人，不靠宣传、不靠推广，竟然能将水饺卖得那么好，她所拥有的是不懈的坚持、对自己的肯定和事业潜力的自我挖掘。成功无定式，归其根本还是靠一个人的决心、恒心和韧性。

人类的思想像流淌在地层深处的纯水，而我们平日面对的各种麻烦，则是河流表层的浊水。浊水喝着很苦，但只要向下深潜，就能找到清流。关键在于，我们首先得知道底下存在清流，然后还须具备"深潜力"——这是日本明治大学教授斋藤孝的新作《深阅读》里的一段话。

对照当下的生活与职场，大部分时候我们生活在信息的表层，被淹没在浩渺的垃圾信息和浅层信息里，而有用的信息是要花费一定的时间和精力去获取的。

其实，每个人心里还存在另一个"我"，很多人的"我"还处在睡眠状态，这里有许多未曾开发的潜能。如何才能挖掘自身不为己知的潜能？首先，做一些挑战自我的事情，完成挑战才能使成功来到身边。每天坚持做一件比较难做的事，并且把这件事做好，这就是一件成功的事。同时，试着做做自己认为不能做到的事情，完善不足找出问题所在，挖掘自身的潜能。还要积极尝试自己做不好的事情，万一真的挖掘出潜能了呢。

无论你的性格是内向还是外向，无论你目前处在何种职位或岗位，都不要停止学习和提升自己的脚步。因为只有学习，才能更了解自己的优势、不足与未知能力；只有不断学习，才能持续挖掘自身的潜能。

挖掘自己的学习潜力，第一是学会分析自身的优势，反思自己的不足；第二是学习自我暗示。在情绪相对稳定时进行自我暗示会在潜意识中产生强烈的印象。

每个人的潜能是无限的，当你遇到困难或发现自己停滞不前时，千万不要失落或是安于现状，这并不代表你"不行"或可以"安好"，那只能说明你的头脑已满足不了当下环境或即将满足不了未来境遇，需要及时补充"营养"。只要坚持继续学习，就会逐步走出困境，改变原地踏步的状况。

所以，对你自己再自信一点，再好奇一些，因为你是这个世界上独一无二的"宝"，"宝"中可能有连你自己都没发现和未知的潜能，坚持挖掘自己，你会不停地遇到意外与惊喜。这世上无易事，而最难的是坚持，但只要不放弃自己的进步，其他都是易事。

职场中的你，无论身处何种岗位，都不是独身一人，都处于这样或那样的团队中。团队大于个人，团队不仅强调个人的工作成果，更强调团队的整体业绩。团队所依赖的不仅是集体讨论和决策，同时也强调成员的共同贡献。

一根筷子能被轻易折断，但把很多的筷子捆在一起，想要折断是很困难的事。团队协作的本质是共同奉献。这种共同奉献需要一个切实可行、具有挑战且让成员能够信服的目标。只有这样，才能激发团队的工作动力，不分彼此，共同奉献。

在一个团队里面，只有大家不断地分享自己的长处优点，不断吸取其他成员的长处优点，遇到问题能及时交流，团队的力量才能发挥得淋漓尽致。如果把团队里面每一分子的优点都变为自己的优点，不仅团队的力量日益强大，自己的能力、潜力也慢慢会得到升华。

团队协作能激发出团队成员不可思议的潜力，从而每个人都能发挥出最强的力量。所以，一加一大于二，团队工作的成果往往能超过成员个人业绩的总和。

智慧工具：学习地图与培训迁移模型

当你身处管理岗位，除关注自身成长外，还要挖掘团队潜力，因为团队与自身的成长是相辅相成的。团队需要强有力的领导，团队也需要相互协作、相互鼓励、彼此信赖。每个人在团队中充当不同的角色，除管理者、决策者外，还有参谋者、执行者，所有角色都是团队中不可或缺的一员。挖掘团队的潜能，其实就是提高团队默契度、协作度，充分发挥每个团员优势，增强团员之间信任度的过程。在职场"战斗"中，深挖团队潜能时刻不能放弃，帮助每位团员在有效时间内创造最大化的价值，既有助于提升个人的能力，又能增强并巩固团队的凝聚力和战斗力。

在团队中，若你处于参与者或执行者岗位，增强与他人的协作能力，随时调整心态、审视自身，擅于取长补短，正是真正提升自己的重要方式和过程。当每个人都在努力提升成员间协作能力和配合度的时候，就是团队价值发挥最大化的时候。

无论你处于团队中的什么岗位，帮助他人、鼓励他人、协助他人，就相当于最大程度地挖掘团队潜力，而这些行为与意识，恰能优质地反馈在你自身能力和团队成员能力的提升上。量身定制的三类发展通道的学习地图，如表10-1所示。

表10-1　三类发展通道的学习地图

通道	含义		相关说明
纵向发展	职位由低级向高级晋升	员工岗位	一般通道为专员、主管和经理三级发展
			生产类为工人、班组长、车间主任和生产经理四级发展
			非生产类为一般员工、部门主管、部门经理、总监四级发展
		员工特点	表现为行政级别的晋升
			具有强有力的升迁动机和价值观，对组织有很大的依赖性
		晋升训练	管理基础知识、管理沟通技巧、团队建设能力
			目标职务或职位所应具备的专业能力、专业知识和专业素质

通道	含义		相关说明
横向发展	为发展员工多重技能进行工作轮换	员工岗位	如会计和出纳轮岗、销售业务员和技术员轮岗等
		员工特点	拒绝全面管理工作，成功的标准是得到专家的认可
			强调实际技术或某项职能业务，追求在技术、职能领域成长和提高
		晋升训练	拓展员工的业务技能
			丰富员工的工作经验
综合发展	横向和纵向发展相结合的综合发展通道	员工岗位	技术人员可以持续努力地发展技术水平，成为专家
			有管理专长的技术岗位员工可以选择成为中高层管理人员
		员工特点	表现为员工在职级上的上升
		晋升训练	注重专业技术和管理知识结合的培训

学习了没有掌握，肯定不行；但掌握了用不了、没机会用或者产生不了价值，更不行。这就是培训迁移的问题。

培训迁移（Training Transfer），是指受训者将通过培训等多种方式所学到的知识和技能有效地、持续地运用于工作之中。

培训迁移的模型，主要包括鲍德温 & 伏特的培训迁移模型和霍尔顿的培训迁移模型两种。

1. 鲍德温 & 伏特的培训迁移模型

鲍德温 & 伏特的培训迁移模型，具体内容如图 10-5 所示。

2. 霍尔顿的培训迁移模型

霍尔顿的培训迁移模型，主要包括迁移动机、迁移设计、迁移氛围三个方面。

（1）迁移动机。主要说明在参加培训后，员工为什么渴望改变行为。

（2）迁移设计。主要说明通过什么样的培训设计使员工能够成功地迁移所培训的行为。

（3）迁移氛围。主要说明当受训人员在工作中应用培训所学到知识、技能和态度时，需要什么样的组织环境。

霍尔顿的培训迁移模型，具体内容如图 10-6 所示。

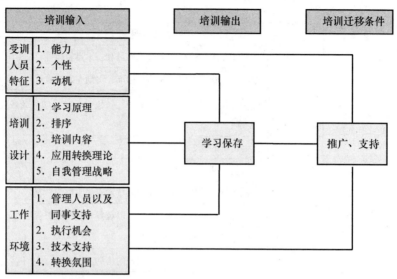

注: 培训迁移的条件主要包括两个方面, 即推广和支持。

　　推广, 是指受训人员在遇到与学习环境相似却又不完全相同的问题和情况时, 将所学知识和技能应用到工作中的能力。

　　支持, 是指长时间维持运用新获得技能的过程。

图 10-5　鲍德温 & 伏特的培训迁移模型

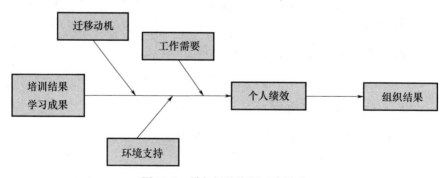

图 10-6　霍尔顿的培训迁移模型

——弈博明道教育简介——

博弈，源于论语。弈，下围棋，讲究方法攻略，有规律可循。

博，大也、通也，博采，射幸，运气好，无非偶然。

弈博，即所谓三分天注定，七分靠打拼之意。

明，明确，明晰，明白，搞清楚，光明。

道，道理，规律，含义，意义，方法。

明道，即明白道理，光明理道。

一生二，二生三，三生万物。万事万物尽在道明博弈过程之中。

"飞猫智慧 HR．KMS®"是北京弈博明道教育科技有限公司的注册商标，我们：

▼助力 HR 避免风险失误，创业者少走弯路，初学者价值倍增，创新者如虎添翼

▼产品立体化：版权课程、品牌活动、图书、咨询项目、量身定制整体解决方案

▼"就业＋创业＋创新""校园＋职场""线上＋线下"我们愿与拥有大梦想者同行

企业愿景：目录职场，道明博弈，智慧启航

公司使命：思考、蜕变、涅槃，提升职业素质，打造共赢职场

价值宗旨：锐利目光、视野全球、运筹帷幄，与敬业者同行，与创业者结伴，与创新者腾飞

弈博明道系列工具书

1. 《智慧职场拒绝黑天鹅》系列
2. 《"小蘑菇"晋级工具箱》
3. 《致未来的职场大咖们》
4. 《我是创业家，我是大 BOSS》

弈博明道作家导师团培训课程体系

1. 《智慧职场高效工具与方法》系列（视频＋面授）
2. 《我的 28 堂 HR 入门实战课》系列（视频＋面授）
3. 《人力资源管理精细化工作坊》系列（视频＋面授）
4. 《斜杆青年跨界人才画布工作坊》系列（视频＋面授）
5. 《如何写好一本工具书》系列（视频＋面授）
6. 《如何在智慧职场如鱼得水》
7. 《如何高效培训与开发潜能》
8. 《如何选人用人育人留人激人》

弈博明道作家导师团管理咨询系列

1. 人力资源管理精细化咨询
2. 实务实操实战"三实"咨询
3. 孵化器初创团队之绩效倍增
4. 大学生创业项目机会与选择
5. 职场智慧达人/智慧女性系列
6. 高绩效团队管理工作手册系列

弈博明道邮箱：huaiyijiaoyu@163.com